O ZEN E A ARTE DA ESCRITA ACADÊMICA

O ZEN E A ARTE DA ESCRITA ACADÊMICA

Robson Cruz

Artesã

O zen e a arte da escrita acadêmica

2025 - 2ª Edição

DIRETOR
Alcebino Santana

REVISÃO
Lílian de Oliveira

DIREÇÃO DE ARTE
Tiago Rabello

PROJETO GRÁFICO E DIAGRAMAÇÃO
Conrado Esteves

CAPA
Artesã Editora

Catalogação na publicação
Elaborada por Bibliotecária Janaina Ramos – CRB-8/9166

C957z

Cruz, Robson

O Zen e a arte da escrita acadêmica / Robson Cruz. – 2. ed. – Belo Horizonte: Artesã, 2025.

160 p.; 13 X 18 cm

ISBN 978-85-7074-146-2

1. Escrita acadêmica. 2. Ensino superior. 3. Psicologia. 4. Budismo. I. Cruz, Robson. II. Título.

CDD 808.02

Índice para catálogo sistemático
I. Escrita acadêmica

IMPRESSO NO BRASIL
Printed in Brazil

(31)2511-2040 (31)99403-2227
www.artesaeditora.com.br
Rua Rio Pomba 455, Carlos Prates – Cep: 30720-290 | Belo Horizonte – MG
/artesaeditora

Em si e para si, a palavra é menos que o pensamento e o pensamento menos que a experiência.
EUGEN HERRIGEL, *O caminho Zen.*

Minha dificuldade é apenas uma — enorme — dificuldade de expressão.
LUDWIG WITTGENSTEIN, *Notebooks*

O encontro com o ideograma de um Zen mineiro

Tomo café da manhã numa padaria perto de casa, quase todos os dias. É um tipo de padaria em extinção, comum na capital mineira até o fim da década de 1990. Um comércio frequentado por trabalhadores e trabalhadoras apressados para mais um dia de labor pesado. As coisas lá são mais ou menos boas e mais ou menos baratas. Mas o pão na chapa e o café com leite estão quase sempre perfeitos. O atendimento é caótico. Não tem organização de fila e os funcionários podem estar muito mal-humorados porque o salário nem chegou perto de pagar as contas básicas do mês ou com o melhor bom humor do mundo porque o time de futebol ganhou no dia anterior, ou as duas coisas ao mesmo tempo, como é mais comum de acontecer. Acima do balcão principal da padaria encontram-se cartazes escritos em papel de cartolina amarela que sempre me lembram ideogramas chineses, ou melhor, ideogramas mineiros: *"Pão de Queijo C/ Muito Queijo só 4.50"*, *"Misto C/ Pão de Forma só 7.00"*, *"Gostoso Misto C/ Ovo só 9.00"*, *"Pão Francês na*

Chapa C/ Café com Leite só 6.50". Os cartazes são produzidos por um tipo de trabalhador que passa de comércio em comércio, na região central da cidade, oferecendo o serviço de escrevê-los por um preço muito baixo. Hoje, tomando café, encontrei um antigo prestador desse serviço inusitado e quase extinto. Um senhor negro, de setenta anos, alto, elegante, com semblante de um preto velho, bem parecido com o do meu avô paterno, com uma mala marrom cheia de pincéis verdes, vermelhos e pretos e papéis de cartolina amarela, escrevendo um cartaz com uma concentração que eu não me lembro de ter alcançado em nenhum dia da minha vida acadêmica. O nome dele é Zé das Letras, como ele me disse, olhando nos meus olhos com orgulho humilde. Fiquei emocionado com a cena. Pedi para tirar uma foto dele ao lado dos cartazes. Ele não permitiu. "Tira as fotos da minha letra que eu aprendi escrever sozinho. Elas é que são bonitas, elas é que são importantes." Em seguida, ele me disse, já se despedindo para continuar a escrever: "Eu não sou importante, lembre-se disso, minhas letras é que são." Sem romantizar a dureza da vida de gente assim, que ganha pouco demais para sobreviver, fiquei com uma inveja danada dele, especialmente quando ele me disse: "É assim que eu ganho a vida, meu filho. Eu escrevo o dia inteiro. Mas é bão demais."

Agradeço ao Zé das Letras que, sem intenção alguma, me reconduziu ao caminho da escrita.

Sumário

O MOMENTO DA ESCRITA

O tiro com arco e flecha não persegue um resultado exterior, mas uma experiência interior, muito rica.[1]

Este pequeno livro tinha o dobro do tamanho quando o finalizei. Ao ler aquela primeira versão, de quase duzentas e cinquenta páginas, me senti orgulhoso, como todo acadêmico e acadêmica se sente ao falar ou escrever mais do que deveria, o que é quase sempre o caso. Mas logo o orgulho se transformou em frustação. Todos aqueles substantivos abstratos que tornavam a minha escrita rebuscada demais e todos aqueles parágrafos de quatro páginas ordenados por orações e mais orações subordinadas ao meu desejo de parecer profundo me comunicavam o quão eu havia me distanciado do objetivo de evitar o palavrório desnecessário.

Minimizei o problema polindo as passagens "inteligentes demais", mas, ao contrário do polimento de uma superfície rugosa, o polimento da escrita nunca alcança o estado final de superfície lisa. Apenas a página em branco alcança esse estado, e essa — ainda — não

[1] HERRIGEL, E. **A Arte Cavalheiresca do Arqueiro Zen**. São Paulo: Pensamento, 1999. p. 25.

é uma opção. Me restou seguir a escrita na direção do pouco e do menos para falar sobre duas coisas aparentemente inomináveis numa mesma sentença: Zen e escrita acadêmica. Isso, contudo, não aconteceu sem conflitos. De um lado, a minha mente acadêmica megalomaníaca me dizia, sem parar, coisas como: "Escreva um capítulo teórico para justificar a relação entre o Zen e a escrita acadêmica", "Jogue na cara deles mil referências bibliográficas", "Faça mil e uma notas de rodapé". De outro, minha mente Zen quase inexistente me dizia silenciosamente coisas como: "Desapegue-se da escrita", "Escreva pouco", "Você não é especial", "Não escreva".

Como parte de uma luta na qual apenas a minha mente acadêmica entrou no ringue, gastei tempo demais escrevendo um enorme capítulo para justificar a validade teórica da relação entre o Zen e a escrita acadêmica. Uma tentativa de me proteger dos prováveis socos argumentativos de meus pares. Até que, um dia, um monge zen-budista atento ao que eu lhe dizia sobre o meu livro me interrompeu no exato momento em que eu começava a lhe explicar o que já havia explicado minutos antes, e me disse: "Algo em você faz força demais para me explicar o seu livro. Eu compreendi tudo que você disse até agora, então podemos fazer outra coisa. Preciso de ajuda para limpar os banheiros, você estaria disponível? Lá posso lhe dizer como aprendi a limpá-los com eficiência e sem fazer força demais". Após limpar o banheiro, num estado de tensão máxima, algo me encaminhou para o computador, abriu o arquivo no qual se encontrava a primeira versão deste livro, selecionou todo o capítulo teórico e o apagou. O alívio imediato foi seguido por um sentimento que julgava morto em mim: satisfação por estar plenamente envolvido com o momento da escrita.

Não sou zen-budista, e este livro não é sobre qualquer adesão a uma crença espiritual para lidar com os sofrimentos da escrita acadêmica — até porque, ao contrário da mente acadêmica, a mente Zen não exige adesão, não busca discípulos, muito menos julga necessário defender seus princípios. Nesse sentido, o Zen é mais laico do que muitas comunidades acadêmicas. Além disso, o Zen não tem dono teórico e não se vê como propriedade intelectual de ninguém. O único contexto no qual ele aparece como propriedade é no contexto do capitalismo flexível e de suas falsas promessas de uma vida leve. Mas isso não significa que todas as apropriações ocidentais do Zen sejam negativas. A atenção plena ao presente e o valor da abertura psicológica ao mal-estar inerente à vida humana são princípios seculares do Zen, amplamente investigados na psicologia do século XX e XXI, que cada vez mais toma consciência daquilo que sempre foi manifesto nas mais diversas tradições do budismo: o excesso de linguagem é mais parte dos problemas do que das soluções da vida humana.

Vale ainda dizer que a influência do Zen-budismo na psicologia ocidental é também observada com a crescente convergência em inúmeras abordagens da psicologia clínica para a premissa de que as bases do sofrimento humano estão no esforço excessivo para não sofrer. Esforço que, na realidade, só o aumenta. "O que aconteceu todas as vezes que você tentou eliminar o sofrimento com a escrita acadêmica?" Essa seria a pergunta de um mestre Zen ao estudante que adiou mais uma vez o começo da escrita de seu texto, movido pela crença de que assim o desconforto para escrever simplesmente desapareceria.

Esses e outros aspectos me levaram a escrever este livro com o intuito de refletir sobre as relações entre o Zen e um sofrimento psicológico singular: o sofrimento com o ofício da escrita acadêmica. Porém, como diria um mestre arqueiro Zen para o seu discípulo que depois de anos de prática disparou a primeira flecha desapegado de intenção de acertar o alvo: "Você não escreveu este livro, algo o escreveu. Logo, não há motivo para orgulho. Apenas continue escrevendo". Realmente, este livro não surgiu como resultado de um projeto de pesquisa sistematizado, desses que acumulamos ao longo de nossas trajetórias acadêmicas soterradas por textos inacabados que nunca se transformam — e, talvez, nunca se transformarão — nos desejados artigos para publicação. No máximo, diria que este livro é consequência de uma pesquisa um tanto inconsciente e informal, desenvolvida ao longo da última década, com base no meu contato com os primeiros escritos Zen para o Ocidente no século XX, como *A Arte Cavalheiresca do Arqueiro Zen* (1948) e

O Caminho Zen (1958), ambos do filósofo alemão Eugen Herrigel, e *Mente Zen, Mente de Principiante* (1970), do monge zen-budista japonês Shunryu Suzuki, uma das primeiras publicações de um monge Zen no Ocidente, além de leituras nas arenas acadêmica e não acadêmica acerca do mal-estar psicológico com a escrita.

A princípio isso implicou renunciar a qualquer compromisso com a escrita acadêmica tradicional. Logo, precisei lidar com um suposto paradoxo: o livro trata da escrita acadêmica sem se utilizar estritamente desse gênero textual. Hoje, todavia, não vejo qualquer contradição nisso. Na universidade vivemos tão imersos em linguagens teóricas definidoras da totalidade dos nossos mundos que talvez apenas uma linguagem sem compromisso com a definição final da verdade nos desperte do profundo sono realista, inevitável mesmo entre o mais construtivista dos cientistas humanos e sociais entre nós.

Se tratei, durante muito tempo, o interesse nos livros sobre o Zen como uma distração intelectual envergonhada, estranhamente, a leitura desses textos provocava tudo, menos distração. Quanto mais os lia e relia, mais prestava atenção ao momento da minha escrita e mais colocava em ação as práticas Zen no meu processo de composição textual. As metáforas, os koans, as descrições fantásticas de atos tão pequenos, como fazer uma atividade por brevíssimo espaço de tempo ou prestar total atenção aos movimentos das pontas dos meus dedos enquanto eu escrevia, geravam um senso de tranquilidade, resiliência e paciência com o processo da minha escrita acadêmica de um modo que dificilmente acontecera até então no meu passado tão repleto de traumas para escrever na universidade.

Ao mesmo tempo, a leitura daqueles três livros marcantes na história do Zen no Ocidente, sempre à minha vista quando eu sofria para escrever, me propiciou o que a vida acadêmica nunca havia me propiciado: a permissão para me despir da fantasia do intelectual em busca eterna de algo profundo, porque o Zen é tudo, menos a busca pela especulação intelectual forçada — essa postura que sentencia a maioria das pessoas a uma vida de perpétua privação da satisfação com a escrita. Bem diferente disso, o Zen é "uma experiência única que o intelecto não pode conceber. Em resumo: só o conhece quem o ignora".[2] Essa afirmação de Eugen Herrigel situa o Zen em posição antagônica à linguagem acadêmica, uma vez que esta seria fruto de uma mente inquieta, combativa, ativa e em busca frenética por respostas lógicas. Nesse sentido, de fato, não haveria relação possível entre o Zen e a escrita acadêmica. Mas essa impossibilidade seria para o próprio Zen só mais uma ilusão de uma mente treinada para perceber a si mesma como um recipiente cheio de compartimentos impermeáveis a tudo aquilo que não se encaixa em seus rótulos formais. Uma mente que faz esforço excessivo

[2] HERRIGEL, **A Arte Cavalheiresca do Arqueiro Zen**, *op. cit.*, p. 25.

para separar o inseparável: o mundo subjetivo do mundo objetivo, o que está dentro do que está fora de nós.

A mente acadêmica não apenas separa esses dois mundos, como também os hierarquiza, julgando ser o mundo mental superior ao mundo material. No campo da escrita acadêmica, essa concepção gera a ilusão de que a escrita é produto do pensamento expresso por mãos que seriam meras servas da mente. Desconsidera-se, assim, que a escrita é muito mais do que um produto; ela é em si o pensamento em construção que surge da interação imanente entre a integralidade do corpo e o mundo material da escrita. Nesse sentido, o movimento da escrita é menos o resultado do pensamento e mais o próprio pensamento em construção. Além do mais, a despeito do valor indiscutível do domínio das regras formais da escrita para escrever qualquer texto acadêmico, o seu domínio não assegura o seu emprego fluente, como a literatura sobre a temática tem demonstrado.[3]

Centenas de estudantes, docentes e pacientes com os quais trabalhei ao longo da última década e meia apresentavam não só conhecimento das regras formais da escrita acadêmica, como um propósito autêntico de escrever suas monografias, teses, dissertações, livros e

[3] AHMED, S. J.; GUSS, C. D. An Analysis of Writer's Block: Causes and Solutions. **Creativity Research Journal**, 1, p. 1-16, 2022. BOICE, R. Writing Blocks and Tacit Knowledge. **The Journal of Higher Education**, 65, 1, p.19-54, 1993.

artigos. Apesar disso, em algum momento de suas trajetórias acadêmicas, tornaram-se incapazes de escrever devido a algum mal-estar psicológico, como se uma muralha intelectual, mais alta e extensa do que a muralha da China, os separasse do fértil terreno da escrita. O que todos esses sujeitos compartilhavam, independentemente da singularidade de cada um, era a dificuldade de se manterem seguros no exato momento da composição de seus textos. Um momento aparentemente minúsculo e insignificante, mas infindável e agonizante para quem sofre para escrever.

O momento da escrita é igual a outros da vida humana, se levarmos em conta que a vida é o que acontece no presente, por mais que a nossa cultura nos imponha uma linguagem orientada mais para o futuro ou para o passado do que para o agora, esse espaço temporal tão evanescente. Ao contrário do modo de vida ocidentalizado, o Zen volta-se para o presente como o centro da vida, seja para nos tornar cientes do exato momento em que nossos pés tocam o chão pela primeira vez no dia seja para nos tornar cientes dos movimentos de nossas mãos incertas pairando sobre o teclado do computador — quando nossa opressora mente acadêmica nos diz que deveríamos ler mais um artigo para começar a escrita de nossos textos, mesmo que já tenhamos lido dezenas ou centenas de textos para tanto.

Enquanto a literatura nacional despreza o momento da escrita acadêmica como dimensão essencial de tal prática, o propósito neste livro é situar esse elemento como um espaço psicológico indispensável para a geração textual. Aqui também a escrita é contemplada a partir de um ponto de vista no qual o seu papel atual como a principal moeda de troca na vida acadêmica seja deslocado para que observemos, de uma perspectiva um tanto inusitada, aquilo que temos aceitado como normal na universidade brasileira: que escrever é sofrer.

Por último, vale dizer que este livro não pretende ser mais uma bíblia da vida acadêmica, esse modo de vida repleto de tantas bíblias que mais impedem do que permitem a escrita. Este livro é apenas uma experimentação textual, um disparo que pode ou não esbarrar num antigo alvo da satisfação intelectual quase extinta em nossos corpos. Nada mais. Nada menos.

O MAL-ESTAR
NA ESCRITA ACADÊMICA

A vida acadêmica não é para principiantes

Há muitas possibilidades na mente do principiante, mas poucas na do perito.[4]

Um horror compartilhado na vida acadêmica é o horror de ser um eterno principiante. Na universidade, as pessoas não veem a hora de serem tudo, menos principiantes. Por isso, nossos títulos e qualificações são acoplados aos nossos nomes como se fossem a nossa verdadeira alcunha. Mestre, doutor, professor adjunto, professor titular, pesquisador produtividade, pós-doutor. Designações acadêmicas em forma de sobrenomes que nos distanciam de qualquer ideia de que ainda somos aprendizes. Assim, a ilusão de superioridade dos títulos acadêmicos mata a mente de principiante, essa mente da curiosidade e da surpresa.

Eu me lembro de como meus professores e professoras na graduação esperavam de mim e meus colegas, ainda nos primeiros períodos, a correspondência às suas grandes expectativas de sermos críticos, em nossa escrita,

4 SUZUKI, S. **Mente Zen, Mente de Principiante**. São Paulo: Palas Athena, 1994. p. 33.

como se escrever assim fosse algo natural. Ao fazerem isso, evidenciavam que a universidade não era para principiantes, mas, sim, para quem estava preparado para ela. Ou seja, para os poucos privilegiados que chegaram ao ensino superior com seus corpos prontos, ou melhor, treinados, para as altas demandas de leitura e escrita.

São raros os acadêmicos e acadêmicas que adotam a mente de principiante, essa mente mais desperta para o que não se sabe do que para o que se sabe. Mas a rejeição à mente de principiante é a rejeição à mente de uma criança alegre por jogar um jogo cujas regras ela ainda não domina — até porque, para ela, a aprendizagem das regras faz parte da brincadeira.

Será possível uma mente de principiante no mundo acadêmico? Um monge Zen me diria que a mente de principiante pode ser cultivada em qualquer lugar. Minha mente lutaria contra essa afirmativa: a mente de principiante é tudo, menos compatível com a vida acadêmica — essa vida que afirma, sem nos dizer uma palavra, que todos e todas deveriam saber todas as regras formais e tácitas da escrita, mesmo que ninguém nunca as tenha mencionado como parte da nossa formação universitária.

A dor com o começo da escrita

> *Se você está achando impossível sentar-se por causa de alguma dor ou de alguma dificuldade física, ainda assim deveria continuar, seja usando uma almofada grossa ou uma cadeira. Mesmo que você seja o pior cavalo, você chegará ao cerne do Zen.*[5]

Vivemos em uma cultura que trata qualquer sinal de mal-estar como algo a ser evitado. Isso não é novidade; é um clichê psicológico contemporâneo. Ainda assim, vale a pena dizer algo sobre o fenômeno, pois o ímpeto de fugir de qualquer desconforto é comum na prática da escrita acadêmica, porque esta é quase sempre precedida por algum nível de indisposição interpretada como algo a ser evitado. Um aperto no lado esquerdo do peito, um peso nos ombros, um desconforto estomacal ou intestinal são considerados pela maioria dos estudantes condições impeditivas do começo da escrita. Por isso, sustentam justificativas supostamente inquestionáveis para adiar o início da composição de seus textos: "Não estou motivado para escrever", "Não estou inspirado

[5] SUZUKI, Mente Zen, Mente de Principiante, *op. cit.*, p. 38.

para escrever", "Preciso esperar um pouco mais para começar a escrever", "Escrever é chato", "Escrever dói", "Escrever não é para mim".

Igualmente, não faltam metáforas e analogias para representar o mal-estar inerente ao começo da escrita. "Eu sinto como se estivesse envolto em um plástico filme que sufoca a minha escrita. É só fazer um furinho com a pontinha da minha unha que consigo escrever. Mas não consigo furá-lo", me disse um estudante de mestrado com alto nível de conhecimento sobre o tema de sua dissertação, mas que ainda assim não conseguia escrevê-la, por supor que o início da escrita deveria ser isento de qualquer desconforto psicológico.

Quando pensamos em atividades humanas de alto desempenho, sabemos que algum grau de desconforto psicológico estará presente. Qual atleta inicia um jogo completamente tranquilo? Qual músico começa um show totalmente seguro? Poucos são, contudo, os estudantes e docentes universitários a considerar o desconforto psicológico no começo da escrita acadêmica como uma etapa dessa prática, mesmo quando se constata que determinadas formas de mal-estar são, ao contrário do que muitos imaginam, mais um sinal de evolução do pensamento do que sinal de incapacidade intelectual. Basta dizer que a escrita daquilo que é novo em nossos textos, aquilo que é autoral, quase sempre emerge de uma linguagem imprecisa e aproximativa antes de tomar a forma de um texto aceitável para a comunidade acadêmica. Logo, muito do que chamamos de erros na escrita são, na realidade, aproximações de acertos que apenas se dão pela via da permissão para vivenciar algum nível de mal-estar para descobrir o que se tem a dizer no exato momento no qual se escreve.

Isso não significa que a indisposição estará presente durante todo o processo da escrita. O desconforto com a geração de nossos textos acadêmicos é mitigado ou dissipado à medida que escrevemos de mãos dadas com a ansiedade, tristeza, vergonha e culpa e todos os demais sentimentos e emoções que acompanham o início da escrita. Uma analogia com a exposição pública elucida melhor o ponto. Muitos de nós já experimentamos a sensação de que, após aceitar a inevitabilidade do desconforto para falar em público, ele desapareceu logo após o início da nossa fala, como se nunca tivesse existido, no passado, em nossos corpos. Docentes experimentam sensação semelhante mesmo após décadas de docência, quando, nos instantes prévios ao início de mais uma aula, lecionada centenas de vezes, têm medo do esquecimento e do vacilo na linguagem, medo que geralmente se esvaece logo após falarem a primeira palavra.

Esse exemplo ilustra como escrever um texto acadêmico pode ser mais intimidante do que falar em público, uma vez que é provável que haja mais espectadores em nossa mente no momento da escrita do que em uma sala cheia de estudantes.

A escrita no Zen é antirromântica

Não há necessidade de ter uma profunda compreensão do Zen. Mesmo que você leia muita literatura Zen, deve ler cada frase com uma mente virgem. Nunca deve dizer: "Eu sei o que é Zen" ou "eu atingi a iluminação".[6]

Uma das expectativas partilhadas entre acadêmicos e acadêmicas é a de que seus textos sejam escritos com senso de criatividade e de autoria, e que contribuam para a área do conhecimento da qual fazem parte. Porém, à medida que avançam em suas trajetórias na universidade, essas expectativas se transformam em desejo exasperado pelo término da escrita. Por isso, estudantes e docentes universitários passam a viver com a expectativa de concluir o mais rápido possível a escrita de seus textos e, quando isso acontece, julgam-se felizes. Mas logo um mal-estar corporal à espreita os avisa de que o que acabaram de sentir não foi felicidade, e sim alívio momentâneo, pois suas mentes não tardam em lembrá-los de que o término de um texto significa que

[6] SUZUKI, **Mente Zen, Mente de Principiante**, *op. cit.*, p. 20.

outros inúmeros textos permanecem inacabados. Então, o ciclo do sofrimento se reinicia.

Ainda assim, a maioria dos estudantes e docentes mantêm a expectativa do dia em que a escrita ocorrerá naturalmente em suas vidas. Alguns até acreditam que o sofrimento para escrever se converterá, em algum momento, em texto de alta qualidade. O que desconhecem, ou têm dificuldade de admitir, é que a expectativa da escrita espontânea está carregada do ideal de um eu intelectual superior que escreve possuído pelo espírito de um gênio romântico. Para se aproximarem dessa alegoria da escrita tão estimulada em nosso cotidiano acadêmico, muitos aderem a tudo que os faça ter uma estética romântica. Consomem determinados bens culturais, mudam o guarda-roupa, modificam o cabelo, chamam todos de conservadores, acreditam que são sempre a pessoa mais inteligente do local onde se encontram, nunca conseguem ficar calados e fazem de tudo para passar a impressão de que são um verdadeiro intelectual. Ainda assim, não escrevem como achavam que iriam escrever.

Como efeito da adesão à ideologia do gênio romântico, ansiamos pelo dia em que teremos uma experiência de iluminação com a escrita acadêmica, idêntica à experiência que imaginamos ser vivenciada pelos grandes artistas ocidentais durante seus processos de criação. Sujeitos quais adoramos porque cremos que são espontâneos naquilo que fazem, por mais que suas obras resultem – também – de enorme empenho cotidiano. Mas como a espontaneidade nunca ocorre em nossas práticas de escrita, o que nos resta é passar a vida admirando excessivamente os autores e autoras que acreditamos terem sido tocados pela Musa. Passamos, assim, a agir como caricaturas de intelectuais com a esperança de que também sejamos reconhecidos como gênios, pois não há nada mais comum na reprodução ideológica da ideia de gênio, desde o fim do século XVIII até os dias atuais, do que a ilusória suposição de que só um gênio reconheceria a grandeza de outro gênio.[7] Com esse ímpeto elitista, tão evidente entre nós, recorremos a uma linguagem na fala, na escrita, na estética e nos gestos que nos faz crer que estamos próximos daqueles intelectuais que admiramos, embora, na maioria das vezes, estejamos cada vez mais longe de contribuir para nossas áreas do conhecimento e sermos autênticos em nossa expressão escrita.

Somente uma fantasia carregada de presunção de superioridade intelectual é capaz de sustentar a omissão diante da dura verdade da escrita acadêmica enquanto atividade dependente mais de ação do que de aparência. De outro modo, como um estudante no primeiro semestre da graduação ou um docente universitário no fim da carreira acreditariam que a escrita acadêmica deveria

[7] JEFFERSON, A. **Genius in France**: an idea and its uses. Princeton, NJ: Princeton University Press, 2015.

acontecer sem esforço, envolvimento, aprendizagem, repetição, edição e reedição?

A questão não é só apontar o furo na fantasia romântica da escrita acadêmica e mostrar quão ingênuos são os seus adeptos, até porque esta é uma fantasia instaurada no seio de toda instituição acadêmica, como forma de manter o domínio da escrita restrito a poucos de nós. Prova disso é que, a despeito de a escrita ocupar lugar central na trajetória universitária, raras são as instituições educacionais de ensino superior no Brasil a investirem na formação para a escrita. Nem de músicos, pintores, artistas plásticos, dançarinos e outros profissionais das artes mais conhecidas, e estudadas também na universidade, esperamos um bom desempenho sem formação para suas atividades artísticas. Por isso temos faculdades de Música, Dança e Belas-artes, mas não temos espaços deliberados de formação continuada para a escrita acadêmica, ainda que esperemos alto nível em seu emprego por estudantes e docentes.

No Zen, a figura do gênio, que tanto esperamos um dia se apossar de nossos corpos sedentos por autoria, não existe, nem mesmo como ideia. No máximo, existe como ilusão a ser evitada, visto que é carregada daquilo que é contrário ao Zen: o desejo de reconhecimento individual por algo que apenas alguns homens e mulheres possuiriam. Por essas e outras razões, o Zen se torna, na universidade, algo quase inimaginável, uma vez que a esperança predominante na vida acadêmica é a de que, num dia de pura inspiração, sejamos tomados pelo espírito de um gênio, de preferência europeu, que é pura sensibilidade e nada materialidade.

A escrita no Zen é antirracional

Qualquer ideia de perfeição, ou de trajetória perfeita estabelecida por outrem, não é o verdadeiro caminho para nós.[8]

A despeito do grande esforço diário em acertar os alvos da escrita acadêmica, uma sensação corporal sem nome nos diz que esperamos algo dela que vai além do alívio por finalizar mais um artigo a ser submetido. Não é possível traduzir essa sensação em palavras. Só é possível dizer que ela não tem nada a ver com algo externo, como o reconhecimento por publicar mais um artigo. Muito menos tem a ver com a impressão vaidosa de que escrevemos algo inovador e profundo. Mas pouca atenção é dada a essa sensação inominável em nossos amordaçados corpos acadêmicos. Na realidade, nós a tratamos como intrusa em face da pureza racional vista como a única linguagem possível em nossos textos.

O sofrimento com a escrita acadêmica procede, assim, de uma expectativa inversa à escrita romântica, pois a expectativa de uma mente racional é a de que

[8] SUZUKI, **Mente Zen, Mente de Principiante**, *op. cit.*, p. 7.

em algum momento acumulará todo o conhecimento necessário para escrever, que será transposto para um processador de texto de modo ordenado e sem qualquer falha lógica. Se a expectativa romântica é a de um transbordar incontrolável de pensamentos profundos e emoções conflituosas sobre o texto, a expectativa racional é a de uma escrita acadêmica sem qualquer conflito. Em consequência dessa expectativa também irreal da escrita, muitos estudantes e docentes passam dias, semanas, meses e, em alguns casos, anos esperando o momento no qual a mente racional se manifestará na forma de um texto impecavelmente coerente, sem qualquer emoção positiva ou negativa. Essa crença na primazia da mente sobre o corpo sepulta em vida, todos os dias, infindáveis *insights* teóricos que jamais tiveram a oportunidade de serem escritos de forma imperfeita, aproximativa, difusa e ilógica antes de ganhar a sua expressão racional por meio de processos como a edição e revisão.

Ainda que toda a crítica ao racionalismo da ciência moderna se faça presente hoje como autoevidente, como se não fôssemos mais vítimas e reprodutores desse ideal epistemológico, quando sofremos para escrever tentamos, muitas vezes, resolver o problema voltando-nos para nossa mente, como se a escrita tivesse sua origem apenas nela. "Pense antes de escrever", diz o professor racionalista internalizado dentro de nós desde o começo da nossa história escolar. Nunca ouvimos o contrário na vida acadêmica: "Escreva antes de pensar".

Anticartesiano bem antes do surgimento de qualquer crítica pós-moderna da modernidade, o Zen questiona a ideia de uma mente imaterial sacralizada na psicologia por meio do determinismo substancialista. Nessa perspectiva a mente seria uma instância superior que paira acima do corpo de quem escreve, o qual apenas recebe comandos mentais de forma passiva. Trata-se de um corpo cuja única função seria a de instrumento de transmissão do pensamento metódico para a palavra escrita no texto. A mente Zen, por sua vez, não presume que o pensamento tenha primazia sobre o movimento da escrita, até porque, se o pensamento sempre tivesse primazia no processo da escrita, o mal-estar no estômago, peito ou ombros não seria suficiente para impedir o início desta, como é corriqueiro.[9]

[9] Nas duas últimas décadas uma quantidade significativa de pesquisas identificou o movimento da escrita à mão como ato psicomotor responsável pela aquisição de aprendizagem complexa e formação de pensamentos novos que apenas ocorrem por essa via. Ver: WRIGLEY, S. The Affordances of Handwriting in the Essay-Writing Process. **Active Learning in Higher Education**, v. 20, n. 2, p. 167-179, 2019. MUELLER, P. A.; OPPENHEIMER, D. M. The Pen Is Mightier than the Keyboard: Advantages of Longhand over Laptop Note Taking. **Psychological Science**, v. 25, n. 6, p. 1159-1168, 2014. JAMES, K. H. The Importance of on the Development of the Literate Brain. **Current Directions in Psychological Science**, v. 26, n. 6, p. 502-508, 2017.

Submissão e aceite

Você pode dizer que isto é impossível. Mas é possível!
Ainda que por um instante, você pode fazê-lo!
Este instante é possível! E é este o instante!
Se é possível neste instante, é possível sempre.[10]

Nada mais triste do que o abandono do desejo da escrita como resultado da adesão passiva ao sistema de publicação científica, como se não houvesse nenhuma possibilidade para nossa escrita senão nos submeter, sem questionar, a toda a lógica do universo editorial, especialmente no que diz respeito a artigos científicos. Com relação a essa condição, nunca me esqueço de uma professora que me falou em tom de confissão, durante uma entrevista, que seu maior sofrimento era escrever sobre temas que destoavam daqueles que ela se interessava desde o seu doutorado. "Eu sei que eu deveria escrever o que tem sentido para mim, mas eu preciso publicar meus artigos, porque senão vou ser descredenciada da pós-graduação. Então aceitei que, quando eu me aposentar, vou escrever sobre o que me interessa." Quando

[10] SUZUKI, **Mente Zen, Mente de Principiante**, *op. cit.*, p. 135.

lhe perguntei se o ideal não seria escrever sobre os temas que mais lhe interessavam ainda durante sua trajetória como docente, ela me respondeu em tom de horror: "De forma alguma!"

Ela ainda me disse: "Eu sei que eu comecei a publicar coisas que eu não tenho tanto interesse só para manter minhas bolsas de pesquisa, ter reconhecimento e ascender em minha carreira acadêmica. Você viu meu currículo e comentou sutilmente sobre isso comigo, sobre o fato de existirem muito mais publicações em co-autoria com meus orientandos sobre temas de pesquisas de mestrado e doutorado que destoam dos meus verdadeiros interesses intelectuais. A sensação, Robson, é de que eu sei disso tudo que você está falando, mas que eu entrei numa roda dessas de hamster, sabe, e fico ali o dia inteiro, e minha vida acadêmica está passando. Eu não quero sair dessa roda só no fim da minha vida, só para morrer. Mas eu sinto às vezes que é isso que vai acontecer. Olha esse tanto de artigo que eu publiquei que não tem nada a ver comigo. Eu tenho vergonha de mim mesma."

Não a julgo por abandonar o seu verdadeiro desejo de escrita, até porque também já escrevi para ser aceito e não há garantia de que isso não vá acontecer de novo. As forças institucionais e econômicas que atuam para controlar nossa escrita são maiores do que estamos dispostos a admitir. Bem maiores... Diria que são tão grandes que todas as nossas teorias de controle social juntas não seriam capazes de explicá-las. Por isso, não deve ser acidental que "submeter" e "ser aceito" sejam verbos tão naturalizados mesmo entre aqueles pesquisadores e pesquisadoras que estudam como certos sujeitos e grupos são submetidos a todo tipo de violência em nossa sociedade.

Pergunto-me se aquela professora terá energia e tempo de vida o suficiente para escrever a respeito do que mais lhe importa. Espero sinceramente que sim.

Sem promessa de vida leve

> *Para o principiante, prática sem esforço não é verdadeira prática. Para ele, a prática requer um grande esforço.*[11]

O Zen não promete a sonhada vida leve. Ainda assim, o desejo da vida leve como algo supostamente derivado das práticas Zen se propagou no Ocidente como uma praga ideológica que nem mesmo os críticos do capitalismo estão imunes de reproduzir. Prova disso é que um dos valores mais básicos da prática Zen, que se harmoniza com a possibilidade de uma vida acadêmica satisfatória, tem sido há algum tempo rebaixado entre nós: o valor da rotina. Como adeptos do discurso da vida leve, muitos de nós rebaixamos moralmente a rotina como se ela constituísse um modo de vida alienado e incompatível com a espontaneidade tão disseminada nos discursos sobre o gênio romântico, revigorado nos discursos sobre a inovação no mercado de trabalho neoliberal e suas promessas de que é possível fazer coisas bem-feitas sem esforço e engajamento.[12] Compactuando

[11] SUZUKI, **Mente Zen, Mente de Principiante**, *op. cit.*, p. 41.

[12] SENNETT, R. **A Corrosão do Caráter**: consequências pessoais do trabalho no novo capitalismo. Rio de Janeiro, Record, 1998.

com essas premissas, muitos cientistas humanos e sociais acreditam que a "rotina muitas vezes carrega um viés pejorativo na vida acadêmica. Quem quer ser acusado de ser um pesquisador rotineiro?"[13]

A rejeição de práticas rotineiras de escrita parte de um ego acadêmico que luta com todas as forças contra aquilo que lhe gera mais temor: a consciência de que não é especial, uma vez que a rotina o iguala a qualquer outro trabalhador ou trabalhadora em seu dia a dia. A questão é, então, se estamos prontos para aceitar que não somos especiais nem superiores a quaisquer pessoas que tenham uma rotina diária de atividades a serem executadas. Isso não significa, contudo, desprezar a especificidade do trabalho acadêmico, muito menos significa desprezar as condições nada propícias para a prática da escrita num contexto universitário como o brasileiro. Mas, se sua mente insistir em lhe dizer que o trabalho da escrita acadêmica é inteiramente diferente e que não é possível compará-lo com outras formas de trabalho, faça um momento de silêncio, talvez sua mente Zen lhe diga: "Esse é o seu desejo de ser especial lhe dizendo mais uma vez que a rotina de escrita não é para você."

[13] LÖFGREN, O. Routinising Research: Academic Skills in Analogue and Digital Worlds. **International Journal of Social Research Methodology**, v. 17, n. 1, p. 73-86, 2014.

O narcisismo à espreita

O aluno que tenha todas as possibilidades de progredir encontra-se diante de um perigo que é muito difícil de ser evitado durante seu desenvolvimento. Não se trata de se perder num narcisismo estéril, porque o oriental tem pouca predisposição à egolatria, mas de achar que o que já sabe é suficiente, principalmente se obteve êxito e fama naquilo que fez.[14]

Outro clichê psicológico de nossos tempos é o de que vivemos na era da personalidade narcisista. Embora o fenômeno do narcisismo não seja novo, é evidente que as condições de vida atual aumentaram a tendência para que traços cada vez mais intensos da personalidade narcisista se façam presentes entre nós. Talvez também não seja novidade o fato de que tal personalidade seja abundante no contexto universitário. É presumível, inclusive, supor que muitos escolheram tal modo de vida com a esperança, sobretudo, de que suas realizações intelectuais gerariam formas de reconhecimento intensas e infinitas.

Na dinâmica do narcisismo acadêmico, a escrita ocuparia lugar central, pois ela define a nossa identidade

[14] HERRIGEL, A Arte Cavalheiresca do Arqueiro Zen, *op. cit.*, p. 41.

universitária, a nossa face intelectual. Se a escrita ocupa esse lugar, logo, é provável que sobre ela recaia a exigência de aparentar uma eterna jovialidade. Porém, ao contrário de uma foto de nossos rostos, após publicados, nossos textos ficam cada vez mais velhos e enrugados, como se fossem a pintura de um amaldiçoado Dorian Gray da vida acadêmica. E ninguém precisa apontar para as rugas teóricas se formando nas entrelinhas de nossos artigos e livros para que tenhamos a consciência de que eles estão cada dia mais desatualizados. Muito menos há qualquer chance de aquelas rugas serem preenchidas com algum botox textual, pois, mesmo quando revisamos nossos manuscritos publicados, sabemos que uma primeira edição ainda estará em circulação para todos verem quão envelhecidos estão os nossos pensamentos materializados em escrita. Desse modo, nos vemos numa cilada intelectual diária: fingimos que somos diferentes das pessoas que se preocupam com aparência e fama ao mesmo tempo que ansiamos pelo dia em que nosso artigo será visto como a face escrita do próprio Narciso, sendo admirado e citado pelos nossos pares intelectuais, até o dia em que se tornará um artigo clássico, conservando sua jovialidade autoral por toda a eternidade acadêmica.

A admissão de que o reconhecimento de nossa escrita é importante para nós parece, à primeira vista, diminuir a dignidade do nosso trabalho intelectual e da nossa pessoa. Mas a não admissão da preocupação com o desejo de reconhecimento aumenta o conflito que buscamos evitar, uma vez que esse desejo não deixa de existir só porque fingimos que ele não é relevante.[15] Admitir que o desejo de reconhecimento se faz presente em nós, como em qualquer outra esfera da sociedade, é um primeiro passo para amenizar os efeitos negativos desse desejo tão silenciado na vida acadêmica.

[15] Para uma análise dos conflitos inevitáveis com o reconhecimento na vida acadêmica, ver: HAGSTROM, W. O controle social dos cientistas. In: DEUS, J. D. (Org.). **A Crítica da Ciência:** sociologia e ideologia da ciência. Rio de Janeiro: Zahar,1979. p. 81-107.

O excesso de admiração

Um mestre Zen diria: "Mate o Buda". Isto é, mate o Buda se ele existe em algum outro lugar. Mate o Buda porque é você que deve reaver sua própria natureza búdica.[16]

Presumimos que os outros afetem negativamente nossa escrita apenas quando nos oprimem com críticas agressivas aos nossos textos. Quando isso acontece, vemos a arrogância, ouvimos a imposição e sentimos a intolerância aos nossos erros de escrita como se esses elementos representassem o ódio contra alguma moléstia intelectual incurável. Nesses casos, é comum que as críticas sejam emitidas por meio de discursos amparados na ideia da necessidade de rigor na linguagem acadêmica. Essa ideia tão enaltecida entre nós configura-se, na prática, mais como um meio de manter hierarquias sedimentadas na universidade do que como ferramenta pedagógica efetiva para o desenvolvimento da escrita. Basta observar que os discursos sobre a necessidade de rigor na escrita raramente são acompanhados de alguma orientação explícita para a melhoria do texto.

[16] SUZUKI, **Mente Zen, Mente de Principiante**, *op. cit.*, p. 24.

Enganam-se aqueles que supõem que a crítica descuidada seja a única maneira de oprimir a prática da escrita acadêmica. O excesso de admiração pelo texto de outros autores e autoras também é capaz de nos oprimir. Observo esse excesso em sala de aula, nos corredores da universidade, em eventos acadêmicos, nas redes sociais. Narro a seguir uma situação na qual o excesso de admiração pela escrita de um acadêmico produziu impactos negativos na escrita de um jovem estudante de pós-graduação.

Num evento acadêmico ocorrido há alguns anos, logo após o término da minha fala, um estudante de doutorado solicitou uma rápida conversa. Resumidamente, ele relatou que não conseguia mais escrever a sua tese e fazia meses que sequer olhava para a pasta de arquivos do doutorado em seu computador (condição mais corriqueira do que se imagina). Naquela conversa que se tornou um diálogo de mais de uma hora, o estudante elencou com convicção inúmeras causas para o bloqueio da sua escrita: medo, procrastinação, falta de motivação, preguiça, entre outras explicações que são mais consequências de fatores psicossociais que permeiam a vida acadêmica do que causas da dificuldade para escrever.[17]

Em determinado momento, perguntei ao estudante sobre a relação com o seu orientador, pois observei que

[17] CRUZ, R. **Bloqueio da Escrita Acadêmica**: caminhos para escrever com conforto e sentido. Belo Horizonte: Artesã, 2020.

ele o mencionara inúmeras vezes durante a conversa. Imediatamente o estudante me disse com um brilho triste no olhar que sempre o admirara e que ele escrevia muito bem. Na verdade, ele me disse que decidiu ser pesquisador para ser igual ao seu orientador. Ainda afirmou que suas dificuldades da escrita não tinham nada a ver com este. Em seguida me disse: "Robson, todos os meus esforços, desde a graduação, foram direcionados para o objetivo de trabalhar com o meu orientador. Fiz iniciação científica, mestrado e agora doutorado sob a orientação dele."

Quando lhe perguntei por que queria ser como o seu orientador, ele me respondeu com tom de segurança até então ausente em sua voz: "Ele é um gênio. Sabe tudo. Todo mundo fica paralisado quando o vê falando das suas pesquisas. Já publicou mais de duzentos artigos. Escreve bem demais." Em seguida o indaguei: "E seu tema de pesquisa, você está satisfeito com ele?". Pela primeira vez, desviando o olhar, ele me disse: "Olha, confesso que desde a iniciação científica queria escrever sobre um tema na mesma área, mas um pouco diferente, mas o mais importante era, e ainda é, estar perto de alguém como o meu orientador."

Dois meses após essa conversa, recebi a seguinte mensagem do estudante: "Robson, na semana passada me recordei daquele nosso diálogo. Isso aconteceu durante um congresso, quando percebi que meu orientador estava triste. Como estávamos num ambiente mais informal, tive coragem de perguntar se ele estava bem. Então ele me respondeu que tinha mais de sessenta anos e que se sentia cansado de escrever sobre as pesquisas que fez ao longo das três últimas décadas, porque sentia às vezes que tinha entrado num piloto automático, desde a graduação, pelo excesso de admiração por sua orientadora que escrevia muito bem."

A escrita sem performance lacradora

... não é a excepcionalidade do mestre que deixa perplexo, intriga e torna profundo o estudante, e sim sua total simplicidade.[18]

Na década de 1960, o sociólogo Pierre Bourdieu e seus colaboradores identificaram um fenômeno característico da socialização nas ciências humanas e sociais após analisar o modo como os professores de Filosofia e Sociologia, na universidade francesa, corrigiam as provas de seus estudantes de graduação. Naquele estudo, observaram que os docentes davam notas maiores aos estudantes que utilizavam mais jargões daquelas áreas e notas menores aos que respondiam às questões das provas com maior coerência argumentativa e conceitual, mas sem jargões. Em outras palavras, a pesquisa revelou que os docentes de Filosofia e Sociologia avaliavam mais se os estudantes conseguiam manipular a linguagem acadêmica, nas provas, como "teste imposto de retórica", do que se eles sabiam realmente responder às perguntas, e que nessa avaliação se media a capacidade do aluno de

[18] SUZUKI, **Mente Zen, Mente de Principiante**, *op. cit.*, p. 17.

usar palavras-chave e jargões da área de modo coerente em termos de organização das frases escritas, por mais que estas se distanciassem da resposta coerente com a pergunta.[19]

Presenciei cena análoga na universidade onde leciono. Numa apresentação de trabalhos de iniciação científica, uma estudante se declarou politizada e crítica com toda a eloquência possível que se encontrava em seu vocábulo repleto de jargões. Porém, seu trabalho apresentava estrutura frágil e carecia de argumentação, contando apenas com afirmações autoevidentes de que era muito importante para a sociedade. Em seguida, uma estudante de fala simples, vestindo o uniforme cinza da empresa em que trabalhava, discorreu sobre o seu trabalho de modo impecável, estruturando a argumentação de forma clara, articulando conceitos e fazendo a análise dos resultados de sua pesquisa. Não é preciso dizer quem foi elogiada – claro, mais pela aparência do que pela qualidade do trabalho e do texto. A segunda estudante não reproduziu os jargões e clichês da escrita acadêmica, muito menos reproduziu a estética aparentemente desapegada das ciências humanas e sociais — até porque, como ela me disse ao final da apresentação, precisava "sair correndo para trabalhar". Espero que a injustiça não a faça desistir

[19] BOURDIEU, P.; PASSERON, J.-C.; SAINT MARTIN, M. de (ed.). **Academic Discourse**. Cambridge: Polity Press, 1996. p. 80.

de desenvolver o seu potencial intelectual, que não é só aparência, mas realidade no texto que escreveu.

O psicólogo social Michael Billig identificou, no tipo de postura mencionada, uma representação geral da socialização para a escrita nas ciências humanas e sociais em que predomina o incentivo ao emprego de jargões em linguagem demasiadamente abstrata por meio de substantivos que fazem um texto parecer ser mais complexo do que é.[20] Quando esse tema é levantado, muitos dizem que não há como evitar a linguagem abstrata na escrita acadêmica, afirmação de fato correta. O que se identifica, contudo, é um excesso de abstrações que poderiam ser eliminadas, com ganhos não só no estilo e forma do texto, mas também na posição ética que ele veicula. Nesse sentido, o sociólogo Howard Becker aponta que o uso excessivo da linguagem abstrata nas ciências sociais, o que pode ser estendido para todas as ciências humanas, gera o efeito imediato de mais usos de verbos passivos, de mais orações subordinadas e de mais frases sem sujeitos. Isso leva a um grave problema teórico e político: o apagamento dos homens e mulheres que são causas ou vítimas das mazelas sociais que estudamos. Contemplemos as próprias palavras de Becker, que vão além de uma preocupação purista com

[20] BILLIG, M. **Learn to Write Badly**: How to Succeed in the Social Sciences. Cambridge: Cambridge University Press, 2013.

a qualidade da prosa acadêmica e que se aplicam para além das teorias sociológicas:

> Os escritores costumam usar expressões sem sentido para encobrir dois tipos de problemas. Ambos refletem sérios dilemas da teoria sociológica. Um dos problemas tem a ver com o agente: quem fez as coisas que a frase afirma que foram feitas? Muitas vezes, os sociólogos preferem locuções que não dão uma resposta clara a essa pergunta, em larga medida porque muitas de suas teorias não lhes dizem quem está fazendo o quê. Em diversas teorias sociológicas, as coisas simplesmente acontecem sem serem feitas por ninguém. É difícil encontrar um sujeito para uma frase quando estão operando "forças sociais mais amplas" ou "processos sociais inexoráveis". Quando se evita dizer quem fez tal ou tal coisa, surgem dois defeitos típicos da redação sociológica: o costume de usar a voz passiva e substantivos abstratos. Se você diz, por exemplo, que "os desviantes foram rotulados", não precisa dizer quem os rotulou. **É um erro teórico, e não só uma falha de redação**. Um ponto importante na teoria de rotulação do desvio (destacado em Becker, 1963) é justamente que alguém rotula a pessoa de desviante, alguém que tem o poder para tanto e boas razões para querer fazer isso. Se você deixa esses agentes de fora, distorce a teoria, tanto na prática quanto no seu princípio. Apesar disso, é uma locução corrente. Os sociólogos cometem erros teóricos similares quando dizem que a sociedade

faz isso ou aquilo ou que a cultura leva as pessoas a fazerem tais ou tais coisas, e eles escrevem assim o tempo inteiro.[21]

Provas não faltam de que é possível que uma linguagem altamente abstrata não denote a complexidade do que nela se pretende descrever e explicar. Nesses casos, uma linguagem abstrata funciona mais para inflar o ego acadêmico do que para transmitir o conhecimento. Do mesmo modo, o que não falta são exemplos de que uma escrita de aparência simples transmita significado complexo.[22] Exemplo de como é comum acadêmicos e acadêmicas rebuscarem a linguagem quando poderiam ser simples e acessíveis é dado por Kristen Ghodsee. Para a antropóloga seria comum esses sujeitos escreverem coisas como "A experiência subjetiva individual de tristeza é exacerbada com a expiração inesperada de um progenitor" quando poderiam apenas escrever que "As pessoas sofrem quando perdem o pai ou a mãe de forma abrupta".[23]

Seria impossível simplificar a escrita acadêmica de modo que ela se tornasse acessível a todos e todas. Aliás,

[21] BECKER, H. S. **Truques da Escrita**. Rio de Janeiro: Zahar, 2016. p. 37.

[22] Ver: SWORD, H. **The Writer's Diet**: a guide to fit prose. Chicago: Chicago University Press, 2016.

[23] GHODSEE, K. **From Notes to Narrative:** writing ethnographies that everyone can read. Chicago: Chicago University Press, 2016. p. 4.

nenhuma linguagem é capaz disso. Ainda assim, o esforço em prol da simplicidade não deveria ser menosprezado, quando constatamos que aderimos de forma irrefletida a convenções linguísticas apenas com o desejo de autoridade ou sujeição intelectual, sem que isso reflita o desenvolvimento de nossos leitores e leitoras e, principalmente, a resolução dos problemas humanos tratados em nossos textos.

O excesso de passado e futuro

Enquanto tivermos alguma ideia definida
ou alguma esperança acerca do futuro,
não podemos levar realmente em consideração
o momento que existe agora mesmo.[24]

No livro *O jogo do eu*, o sociólogo Alberto Melucci define a depressão e a ansiedade como sintomas, respectivamente, do excesso de passado e do excesso de futuro no presente.[25] Essa é outra visão comum nos debates contemporâneos no Ocidente acerca das doenças mentais que compartilha semelhanças com a visão do Zen sobre o sofrimento humano. Para o Zen, há uma propensão da mente humana a se fixar mais no passado ou no futuro do que no presente. Ao aplicarmos essa premissa à prática da escrita acadêmica, o problema se intensifica por várias razões. A própria lógica da textualidade acadêmica induz o excesso de passado e futuro no presente da escrita, pois precisamos conhecer o passado do que estudamos

[24] SUZUKI, **Mente Zen, Mente de Principiante**, *op. cit.*, p. 107.

[25] MELUCCI, A. **O Jogo do Eu**: a mudança de si em uma sociedade global. São Leopoldo: Ed. da Unisinos, 2004.

para falar dele no presente, assim como necessitamos nos preocupar com o futuro do texto enquanto objeto submetido a toda uma lógica avaliativa e editorial, no futuro, para ser aceito.

Estudantes de graduação, em diversas fases da escrita de seus trabalhos de conclusão de curso, já experimentam o excesso de passado no presente da escrita, pois são levados a acreditar que deveriam conhecer profundamente um tema para só então escreverem suas monografias. Esse fenômeno se intensifica no mestrado e doutorado, em que muitos estudantes creem que precisam conhecer toda a literatura de uma área para entrarem na conversa acadêmica, como se isso fosse realmente possível.

O excesso de passado também se faz presente na escrita acadêmica quando se manifesta na ideia de que um texto acadêmico necessita ser totalmente original. É comum ouvir lamentações de estudantes, de diferentes níveis de formação, que "tudo que era para ser dito já foi dito na literatura". Nesses casos, o sofrimento para escrever no presente decorre da suposição de que nossa escrita só terá validade se superarmos o passado, se escrevermos aquilo que ninguém nunca escreveu. Como é impossível escrever algo completamente novo sem o recurso ao passado, muitos estudantes vivem com a sensação constante de que seus trabalhos não têm qualquer relevância. Outra vez, o que contribui para que isso aconteça é uma organização social da escrita acadêmica na qual a ideia de originalidade, enquanto algo desvinculado do passado, não é contestada. Na realidade, a ilusão de originalidade pura é incentivada em muitos redutos acadêmicos. Com isso, outro aparente paradoxo se faz constante na prática da escrita acadêmica: espera-se significativo recurso ao passado intelectual ao mesmo tempo em que se espera uma originalidade cindida do que foi escrito antes.

A incidência do excesso de futuro na prática da escrita acadêmica se dá, antes de tudo, devido ao fato de que um texto acadêmico, em grande medida, compõe um horizonte de definição da trajetória profissional de quem escreve no presente. Um estudante de pós-graduação com pretensões de ser docente universitário sabe que o texto escrito hoje pode definir sua vida profissional daqui a dez anos, quando concorrer a uma vaga para professor. Do mesmo modo, um docente universitário com pretensões de ascensão na carreira sabe que a escrita e publicação de um texto hoje afetará sua trajetória acadêmica daqui a décadas. O excesso de futuro também decorre dos prazos de entrega de trabalhos de conclusão de curso de graduação e pós-graduação. Um estudante no início do doutorado, por exemplo, é lembrado diariamente, sem que ninguém lhe precise dizer uma única palavra, de que daqui a quatro anos precisará entregar sua tese; assim, aquele evento futuro, torna-se um fato presente em todos os dias de sua vida, por uma lógica acadêmica focada na escrita como produto e não como processo. Igualmente, quase todo acadêmico ou acadêmica vivencia diariamente a expectativa do retorno de um parecer, que pode demorar mais de um ano, sobre um artigo que levou mais de dois anos para ser escrito.

Dificilmente a escrita acadêmica é vivenciada apenas como excesso de passado ou excesso de futuro — o mais provável é que os excessos de passado e futuro se façam constantemente presentes no cotidiano daqueles que precisam escrever na universidade. Logo, é compreensível porque há tanta depressão e ansiedade durante o processo da escrita acadêmica.

O excesso de projetos

Não é que menosprezemos a ideia de alcançar a iluminação; mas o que consideramos mais importante é este momento, e não algum dia no futuro. Temos de fazer nosso esforço neste momento. Isto é o que há de mais importante em nossa prática.[26]

Outro elemento que amplia o excesso de futuro no presente da vida acadêmica é o excesso de projetos. Basta dizer que a palavra "projeto" é uma das mais ditas no cotidiano acadêmico: "projeto de monografia", "projeto de iniciação científica", "projeto de mestrado", "projeto de doutorado", "projeto de extensão", "projeto de pesquisa para o edital".

Nenhuma expressão acadêmica está mais relacionada à ideia moderna de progresso do que a expressão "projeto de pesquisa". "Qual é o seu projeto de pesquisa?", pergunta tão comum no dia a dia universitário, nos leva a estar mais preocupados com a escrita do próximo projeto de pesquisa do que com a realização dos projetos ainda em vigor. Até porque os projetos em vigor

[26] SUZUKI, Mente Zen, Mente de Principiante, *op. cit.*, p. 54.

são tantos e tão irrealizáveis em tempo hábil que o que nos resta é crer que algum novo projeto nos trará aquele sentimento oceânico de realização intelectual esperado desde o dia em que ingressamos na universidade.

Vivemos, assim, como se fosse natural o nosso presente acadêmico estar demasiadamente orientado para o futuro de mais um projeto, mesmo que o futuro seja apenas uma ilusão, como nos diria Freud em seu ensaio mais Zen,[27] no qual o psicanalista expõe quão falha é a expectativa moderna de que o futuro nos reserva um momento de total ausência de mal-estar. A despeito do grande impacto dessa ideia nas ciências humanas e sociais do século XX, ainda vivemos uma expectativa quase religiosa de que em algum momento no futuro algum perdão nos será concedido por todos os nossos pecados da escrita se escrevermos o maior número possível de projetos até o fim de nossas vidas acadêmicas.

O afã em acumular o maior número de projetos possível gera outra ilusão: a de que realmente estamos escrevendo o texto que deveríamos estar escrevendo. Essa ilusão é expressa em uma fala comum entre nós: "Eu sou ótimo em escrever projetos, mas não sou bom em escrever artigos ou livros." Eu me incluo entre aqueles

[27] FREUD, S. **O Futuro de Uma Ilusão**. Edição standard das obras psicológicas completas de Sigmund Freud. Rio de Janeiro: Imago, 1927-1996. v. XXI, p. 15-64.

que já fizeram esse tipo de afirmação ao longo da trajetória acadêmica. De fato, escrever um projeto de pesquisa é, de imediato, algo mais empolgante. O projeto é um texto repleto de esperanças no futuro. Então, faz todo sentido que o projeto seja um texto mais fácil de ser escrito e ao mesmo tempo carregado de emoções, como a de submeter um projeto um minuto antes do prazo final de sua entrega na plataforma de alguma agência de fomento à pesquisa. Além disso, um projeto envolve a escrita de dez a quinze páginas, ao passo que uma tese ou um livro resultante de um projeto necessitam de centenas de páginas para serem finalizados e podem demorar anos para serem escritos.

Não questiono o valor da escrita de projetos de pesquisa, pois são textos essenciais na vida acadêmica. O que está em jogo é como o excesso de projetos afeta a escrita dos resultados dos inúmeros estudos que realizamos, uma vez que essa escrita é indispensável em nossas trajetórias e áreas de conhecimento – afinal, não é mais a escrita de uma promessa, mas de uma realização intelectual.

No cenário contemporâneo da ciência brasileira, a participação em inúmeros projetos tornou-se uma questão de sobrevivência acadêmica, devido à diminuição do financiamento da pesquisa no país. Por isso, muitos de nós submetem o maior número possível de projetos na expectativa de que alguns poucos sejam aprovados, no geral com verba bem menor do que a necessária e esperada. Ainda assim, parece válido questionar se o excesso de participação em projetos de pesquisa não seria uma forma de alimentar a ilusão de que em algum momento todos os nossos incontáveis projetos se transmutarão por geração espontânea em ótimos artigos e livros, sem desconfiar que talvez o excesso de projetos seja mais uma estratégia sofisticada para evitarmos a árdua escrita a que deveríamos nos dedicar neste exato momento.

Para Freud, o excesso de esperança no futuro como algo que nos libertará do mal-estar inerente à vida humana é uma forma de servidão subjetiva a um desejo infantil que nunca se cumprirá, o qual nos impede de obter realizações autênticas no trabalho e nos relacionamentos. Seria, então, nossa excitação para escrever e participar de tantos projetos de pesquisa uma forma de servidão inconsciente a uma mente acadêmica infantil?

Em quantos projetos você está envolvido? Você escreve mais os textos que gostaria de estar de fato escrevendo, ou você está escrevendo mais um projeto na sua lista infindável de projetos de pesquisa?

A redução do self

Não há qualquer hiato entre o "eu" antes de ter aprendido algo e o "eu" depois de ter aprendido algo. Não há distância entre o ignorante e o sábio. Uma pessoa tola é sábia. Uma pessoa sábia é tola.[28]

Um fenômeno psicológico recorrente entre estudantes universitários que sofrem para escrever suas monografias, dissertações e teses é a sensação de que suas identidades são reduzidas às definições que possuem de si como escritoras ou escritores acadêmicos. Logo, se não conseguem escrever, são pessoas inábeis; se não conseguem escrever de maneira profunda, são pessoas rasas; se não conseguem entregar o texto no prazo, são pessoas procrastinadoras. Muitos estudantes vivenciam, desse modo, a sensação constante de que os percalços na escrita representam a totalidade do que são. Em consequência disso, muitos esquecem que são mais do que a escrita de seus textos acadêmicos. Esquecem que são filhos e filhas, companheiros e companheiras, pais, mães, amigos e amigas, colegas. Esquecem-se ao

[28] SUZUKI, Mente Zen, Mente de Principiante, *op. cit.*, p. 116.

mesmo tempo de outras dimensões de suas vidas que num passado recente compunham suas identidades, como suas atividades físicas, suas atividades de lazer, os cuidados com o corpo e todas as demais relações sociais para além da universidade, se é que essas dimensões da vida sobreviveram ao sofrimento com a escrita acadêmica. Até porque, quanto mais passos são dados em direção a mais um título ou nova posição na universidade, maior é o nível de exigência de qualidade da escrita e mais ela nos define.

Não devemos ser ingênuos e acreditar que a redução da identidade àquilo que se sente e pensa em relação à escrita acadêmica surge do nada dentro das pessoas. Sobre isso, vale dizer que na universidade se reproduz uma das maiores ideologias da escrita nas sociedades modernas: a crença de que, após a alfabetização básica, uma pessoa estaria apta para escrever qualquer coisa, sem sentir qualquer dificuldade e sem precisar de qualquer auxílio.[29] Nota-se a manutenção dessa ideologia entre docentes universitários, sobretudo quando se deparam com as dificuldades de seus estudantes na escrita acadêmica.

Na maior parte das vezes, docentes universitários se veem frustrados e acham absurdo que seus estudantes de graduação e pós-graduação apresentem déficits na

[29] WILLIAMS, R. **A Produção Social da Escrita**. São Paulo: Editora Unesp, 2014.

prática da escrita. Essa postura evidencia que uma parte de nós escolheu a docência universitária com a esperança, consciente ou não, de não ter de lidar com aquilo que é comum nas classes mais baixas da sociedade brasileira: as dificuldades com o domínio da norma culta do português brasileiro. Até admiramos o trabalho de autores sensíveis a tais dificuldades nas classes sociais mais baixas do país, como Paulo Freire, mas, diante de algum sinal de que a escrita de nossos estudantes compartilha alguma característica com a escrita daquelas classes sociais, esquecemos as lições do grande educador brasileiro, como se o seu pensamento fosse válido apenas fora dos muros da universidade.

Engana-se, contudo, quem acredita que as classes sociais mais privilegiadas estariam imunes ao problema. Nesse caso, a redução do senso de pessoa à escrita acadêmica se originaria de certa ilusão de superioridade intelectual e, por conseguinte, da expectativa de grande reconhecimento que as classes médias altas e altas costumam ter com respeito às suas realizações em todas as esferas da vida.

Em suma, por um lado, estudantes das classes mais baixas sofrem com o constante senso de que lhes faltam habilidades e capital cultural mínimo para escreverem do modo que é exigido na universidade. Por outro lado, estudantes das classes mais altas sofrem por compararem constantemente seus textos com os dos autores e autoras mais bem-sucedidos em seus campos do conhecimento e, por sua vez, pelo constante senso de que ainda estão distantes da elite intelectual que tanto almejam fazer parte.[30]

Não basta ter consciência de que a vida é mais do que a escrita de nossos textos acadêmicos, pois nossa linguagem tem o poder de reduzir nossa identidade à escrita, sobretudo quando sofremos para escrever. É nesses momentos que necessitamos da ajuda de outras pessoas com mais experiência e com didática efetiva para nos auxiliar em nossa produção textual. Porém, quanto mais os estudantes de graduação e pós-graduação sofrem para escrever, mais se isolam, até porque ouviram de muitos dos seus docentes que essa deveria ser a postura adotada na escrita de seus textos acadêmicos. "Agora você precisa ficar sozinho para escrever" — muitos dizem a seus estudantes. Mal sabem que muitos dos intelectuais que eles tanto admiram escreveram suas obras com o auxílio constante de outras pessoas — postura, inclusive, identificada no campo da literatura ficcional, cujos escritores e escritoras costumam ser vistos como pessoas que escrevem isoladamente e sem a ajuda de pares.[31]

Deveria ser comum no cotidiano acadêmico que a escrita fosse praticada em grupo e, mais do que isso, que aqueles que sofrem para escrever recebessem auxílio

[30] BIRK, L. B. **The Sounds of Silence**: a structural analysis of academic writer's block. Thesis, Boston College, 2013.

[31] DESALVO, L. **The Art of Slow Writing**: reflections on time, craft, and creativity. New York: St. Martin's Press, 2014.

coletivo para lidar com os percalços da escrita acadêmica. Gostamos tanto de decantar que os problemas da sociedade resultam do individualismo neoliberal, da falta de solidariedade das elites econômicas, da concentração de renda de poucos em detrimento da pobreza de muitos, mas aceitamos passivamente que a distribuição da escrita, na universidade, seja tão desigual quanto a distribuição do dinheiro nas sociedades capitalistas. Não acredito que isso seja por acaso. Basta dizer que, quanto mais hábil para escrever é um intelectual, mais resistente ele é para fornecer formação e auxílio para as dificuldades da escrita de seus pares e estudantes.[32]

[32] BOICE, R. Faculty Resistance to Writing-Intensive Courses. **Teaching of Psychology**, v. 17, n. 1, p. 13-17, 1990.

Trabalho profundo, trabalho superficial

> *Não se trata de ter um profundo sentimento acerca do budismo; simplesmente fazemos o que deve ser feito, tal como jantar e ir para a cama.*[33]

Atualmente, faz-se uma distinção na literatura sobre a organização do tempo, no mundo do trabalho, entre trabalho superficial e trabalho profundo.[34] No campo da escrita acadêmica, o trabalho superficial consistiria na organização de textos para leitura, separação do material para escrever, como lápis, papel, marcadores de texto e daí por diante. Já o trabalho profundo consistiria em ler para escrever, gerar fichamentos e notas, escrever a primeira versão do texto, receber críticas, revisar o manuscrito. Embora a expressão trabalho superficial passe a ideia de uma atividade de relevância menor, esse trabalho é necessário em qualquer ocupação humana, como escrever um manuscrito na universidade. Até porque dele depende o trabalho profundo, o qual diz respeito aos

[33] SUZUKI, **Mente Zen, mente de principiante**, *op. cit.*, p. 28.

[34] NEWPORT, C. **Deep Work**: rules for focused success in a distracted world. New York: Hachette, 2016.

momentos de escrita. Portanto, o trabalho profundo não tem primazia sobre o trabalho superficial, como muitos pensariam de imediato. Se você não tiver feito a seleção de textos, organizado os arquivos com as informações da sua pesquisa, separado os livros com marcações de meses ou anos atrás, ligado o seu computador e arrumado minimamente a mesa, não poderá iniciar o trabalho profundo na escrita acadêmica.

Sob a ótica do Zen, o empenho de se envolver com o passo a passo do trabalho superficial aumenta a atenção ao presente e, por sua vez, aumenta a aceitação do mal-estar intrínseco ao começo da escrita que virá em seguida. Nesse sentido, o trabalho superficial é o próprio começo da escrita antes da escrita, pois tende a horizontalizar a escrita como um todo, ocorrendo desde o instante em que as mãos retiram um livro da estante e o deitam em uma mesa até o momento em que os dedos escrevem a primeira frase do dia num texto acadêmico em construção. De tal modo, toda uma série de ações converge para o mesmo propósito: escrever com senso de engajamento e presença. Mas, em consequência de um cotidiano acadêmico soterrado por microtarefas, docentes e estudantes vivem o trabalho superficial como se ele fosse o trabalho profundo. Como resultado desse desequilíbrio, reservam os momentos mais inadequados para o trabalho profundo da escrita acadêmica, como os fins de semana, feriados, férias ou tarde da noite, após um dia cheio de trabalhos superficiais, com a esperança de que realizarão a parte mais densa da escrita de seus textos quando seus corpos estão mais cansados e indispostos para escrever. Algo cada vez mais comum com a crescente burocratização do trabalho acadêmico, que tem transformado a vida de docentes e estudantes em puro excesso de trabalho superficial. Relatórios e mais relatórios. Planilhas e mais planilhas. Formulários e mais formulários. E-mails e mais e-mails. Reuniões e mais reuniões. Bancas e mais bancas. Pareceres e mais pareceres. Eventos e mais eventos. Provas e mais provas. Avaliações e mais avaliações. Comissões e mais comissões.

Claro, há que se considerar que o excesso de envolvimento no trabalho superficial funciona, em algumas ocasiões, como um mecanismo psicológico inconsciente a evitar o contato direto com o trabalho profundo da escrita, que envolve um nível elevado de esforço cognitivo e emocional não demandado pelo trabalho superficial. Mas isso não deve ser encarado como mera preguiça. Significa apenas agir de acordo com uma propensão humana de evitar o mal-estar psicológico e físico relacionado a atividades complexas; assim como significa agir dentro de uma lógica de crescente precarização do trabalho acadêmico no mundo atual.

Ao observar como a vida acadêmica é repleta de trabalho superficial, um monge zen-budista nos diria que a solução para lidar com o problema seria tomar uma decisão radical. Mas de forma alguma ele nos diria que decisão é essa.

A AÇÃO PRÁTICA NA ESCRITA ACADÊMICA

Escolha o ambiente para escrever

Quando sua vida é parte de seu meio ambiente – em outras palavras, quando você volta a si mesmo, ao momento presente – então não há problemas. Quando você começa a divagar em torno de uma ilusão que está fora de você mesmo, então o ambiente à sua volta deixa de ser real e também a sua mente.[35]

Quando falam da relevância do ambiente e do momento da prática Zen, os zen-budistas não se referem a uma atmosfera perfeita para meditar. Essa é somente outra fantasia ocidental sobre o Zen. O contexto e o momento da escrita são também objetos de fantasia da mente acadêmica. Muitos de nós acreditam que só escreverão quando estiverem isolados numa bela casa de campo, em meio a uma paisagem bucólica, em um escritório rodeado por uma imensa biblioteca, em uma escrivaninha de madeira rústica, com um computador que valha mais do que dez sa-

[35] SUZUKI, **Mente Zen, Mente de Principiante**, *op. cit.*, p.107.

lários-mínimos. É provável, contudo, que, independentemente da fantasia, muitos dos leitores e leitoras deste livro tenham tido, ao menos uma vez na vida, as condições perfeitas para escrever e mesmo assim o texto não fluiu como o esperado.

O lugar e momento da prática Zen não exigem nada especial: apenas o envolvimento na ação que se realiza no presente. Se cultivarmos essa premissa na prática da escrita acadêmica, concluiremos que o momento da escrita é apenas o momento no qual ela acontece; e esse momento pode transcorrer num belo escritório organizado apenas para escrever, na sala de espera de uma consulta médica, num banco de aeroporto, numa biblioteca ou em qualquer outro lugar no qual estejamos dispostos a escrever, nem que seja por cinco minutos, naquele dia em que nossa mente nos diz que não dispomos das condições perfeitas para tanto.

Isso não significa, contudo, que o Zen despreze o papel do ambiente na efetividade da ação prática. É fascinante perceber que premissas Zen sobre o papel do ambiente e o momento da escrita encontram-se também nos estudos das últimas quatro décadas sobre a psicologia da escrita. Destaco a premissa Zen de que os acontecimentos que antecedem e sucedem qualquer ação humana e o lugar em que ocorrem incidem sobre ela, tornando-a mais ou menos frequente e mais ou menos satisfatória no futuro. Nos estudos da psicologia da escrita, esse é um dos achados mais robustos nas análises de intervenções em estados graves de sofrimento psicológico para escrever.[36]

Há dez anos, percebo o efeito não planejado dessa condição sobre a minha escrita, pois, durante todo esse período, ao acordar, a primeira coisa que faço é tomar o mesmo remédio e então aguardar trinta minutos antes da primeira refeição do dia. Essa atitude estabeleceu gradualmente um espaço psicológico de escrita não planejado. Comecei a usar o intervalo de trinta minutos de espera pelo café da manhã como um período para escrever. Durante a semana, me levanto, vou ao banheiro, escovo os dentes, tomo meu remédio e, em seguida, vou para a mesa escrever. Não há pensamento. Não há esforço. Não há indisposição. Não há dúvidas se devo ou não escrever. Escolho o arquivo no qual estou trabalhando no momento e reinicio a escrita na mesa da cozinha, que neste exato instante percebo estar localizada no cômodo com maior incidência de luz natural em minha residência.

Nesse exemplo, toda a cadeia de pequenos eventos antecedentes ao começo da escrita sinaliza que a próxima ação é encaminhar-se para a mesa e escrever. A escrita é assim incorporada ao fluxo de minúsculos eventos do cotidiano cuja relação intrínseca costumamos não notar. Embora pareça um tanto banal, a percepção da escrita

[36] KELLOGG, R. T. **The Psychology of Writing**. New York: Oxford University Press, 1994.

como um evento que é influenciado por aquilo que acontece antes e depois da sua prática, em um determinado contexto, é relevante, pois consiste num modo de estabelecer condições para que a escrita seja só mais um evento na cadeia de eventos que é o nosso dia a dia, e não o evento central que nos assombra a cada instante em que não estamos escrevendo. Ao igualar a escrita aos outros eventos de nosso cotidiano, somos lembrados daquilo que é óbvio, mas esquecemos todos os dias: as realizações complexas da vida, como escrever um texto acadêmico, se dão como consequências de minúsculos eventos diários. Como o sociólogo Alberto Melucci nos lembra:

> ... experiências cotidianas pareçam minúsculos fragmentos isolados da vida, tão distantes dos vistosos eventos coletivos e das grandes mutações que perpassam a cultura. ... mas é nessa malha fina de tempos, espaços, gestos e relações que acontece quase tudo o que é importante para a vida social. É onde assume sentido tudo aquilo que fazemos e onde brotam as energias para todos os eventos, até os mais grandiosos.[37]

O ambiente no qual escrevemos é mais do que um mero espaço físico; é também um espaço psicológico marcado por nossa história de interação com ele. Sobre isso, me lembro de ouvir, no primeiro dia de aula de um

[37] MELUCCI, O Jogo do Eu, *op. cit.*, p. 11.

novo semestre letivo, uma estudante de graduação dizer: "Eu não me sento mais nessa cadeira da parte da frente da sala. No semestre passado sentei aí e minhas notas foram horríveis." Se a relação estabelecida pela aluna entre se sentar naquela cadeira e seu desempenho acadêmico é verdadeira ou não, não é a questão. A questão é como a sua linguagem vinculou arbitrariamente um objeto inanimado — a cadeira — a algo ocorrido no passado da estudante.

Por mais trivial que pareça, o exemplo explicita uma característica central na linguagem humana: ela é simbólica. Em outros termos, ela relaciona tudo a nossa volta com a nossa experiência, e isso não é uma questão de escolha, é assim que ela funciona.[38] No caso citado, uma cadeira em uma localização específica na sala foi relacionada ao baixo desempenho acadêmico da estudante, embora aquele objeto não tivesse relação direta com a sua performance estudantil. Nesse sentido, o ambiente é repleto de símbolos que impactam nossas disposições e indisposições para agir em determinados contextos. Isso vale tanto para ações simples que realizamos de modo um tanto automatizado no dia a dia, como pentear o cabelo no banheiro, quanto para atividades complexas,

[38] BARNES-HOLMES *et al.* Relational Frame Theory: Some Implications for Understanding and Treating Human Psychopathology. **International Journal of Psychology & Psychological Therapy**, v. 4, n. 2, p. 355-375, 2004.

como escrever, já que nossa escrita sempre acontece em algum lugar, com alguma aparência, com alguns objetos, com algum tipo de luminosidade, com algum tipo de aparato tecnológico para a escrita, a certa temperatura e, claro, através de um corpo que interage com tudo isso ao longo de uma complexa história de vida.

Ainda sobre o papel do contexto da escrita acadêmica, recordo-me de um estudante que relatou ter dificuldades para escrever em sua residência e acabou percebendo que escrevia num cômodo no qual fora punido várias vezes por seu pai enquanto fazia o dever de casa em sua infância. "Eu me lembro bem do meu pai me xingando quando eu era criança e estava na mesma mesa na qual tento escrever minha dissertação de mestrado hoje. Percebo que a sensação de mal-estar é tão familiar e antiga quando tento escrever naquele cômodo. Engraçado demais, eu nunca fiz essa associação entre minha dificuldade de escrever e meu passado naquele canto da sala. Julgava que a sensação tinha a ver apenas com minha dificuldade de escrever mesmo, e não com isso. Olha aqui agora. Sento-me nesta cadeira e nesta mesa, nesta sala, e aquele sentimento não se faz presente. Você propôs a escrita de uma página e eu escrevi. Só isso. O mais louco nisso tudo é ainda perceber que continuei sentando-se naquele lugar com a expectativa de um dia meu pai me tratar bem, mesmo que ele tenha morrido há muito tempo. Mais engraçado ainda é lembrar que em todas as casas que morei, eu procurava um canto como aquele e sempre sofria para escrever. Nunca mais vou escrever num canto, esperando algo que nunca tive na minha vida."

Igualmente, eu me recordo de um paciente que decidiu estabelecer sua rotina de escrita num ambiente inusitado: o seu carro, depois de muito tempo de frustração por não consolidar o hábito de escrever sua dissertação de mestrado. A ideia surgiu quando o paciente me relatou que a única hora vaga para escrever, em todo o seu dia, era entre o momento em que deixava sua filha na escola, às sete horas, e o começo do seu trabalho, às oito e meia. Como aquela uma hora e meia era o único tempo disponível para ele escrever, sugeri que experimentasse redigir seu texto naquele espaço de tempo, mesmo que isso acontecesse em um lugar distante do ideal. Mas como a sua expectativa era escrever em condições perfeitas, como um escritório silencioso e organizado, ele me respondeu irritado: "Só se eu escrever dentro do carro, porque não há qualquer possibilidade que não seja essa!" Resposta a qual eu repliquei: "Compreendo sua descrença, mas é você que tem me dito há meses que esses são o único horário e local possíveis de escrever no momento." Como resposta, ele balançou a cabeça negativamente com expressão facial de descrença. Ainda assim, decidiu escrever em seu carro. Após três semanas naquela nova rotina, ele me disse: "É a única hora do meu dia que tenho a possibilidade de estar sozinho. Chego então ao estacionamento do prédio da empresa, fico dentro do carro, ligo meu computador e escrevo uns quarenta, cinquenta minutos quase todos os dias. É ridículo, porque esperei esse tempo todo pelo local perfeito para escrever. Às nove horas da manhã eu já me sinto livre... O resto do dia eu não me sinto angustiado ou culpado por não escrever. Eu até esqueço da escrita, porque sei que no outro dia eu vou escrever no carro. Minha dissertação está voando. E está voando no meu carro parado."

Quando lhe perguntei o que sentia nos momentos antecedentes e subsequentes à escrita no carro, ele ainda disse: "Quando acordo e levo minha filha para escola, no caminho eu começo a sentir uma disposição para escrever se formando no meu corpo e quando chego ao trabalho me sinto satisfeito por ter escrito. No passado, era o contrário. Acordava desanimado para levar minha filha para escola. Depois chegava no trabalho frustrado por saber que seria mais um dia sem escrever. Sentia uma raiva injusta da minha filha e do meu trabalho, como se eles impedissem a minha escrita. O carro é o lugar ideal para escrever!? Não! Claro que não! Mas se tornou o meu lugar e o meu momento para escrever no dia."

Embora devamos evitar a fantasia do lugar ideal para escrever, isso não significa que tenhamos de ser passivos perante o ambiente no qual a escrita acontecerá. Alterar o ambiente é se envolver no momento da escrita, como qualquer pessoa que busca fazer algo bem-feito se envolve com o local de sua atividade, sem que isso leve, contudo, à busca de uma organização obsessiva. Deve levar, sim, a um preparo do ambiente de forma coerente com as possibilidades do trabalho acadêmico, à maneira de um artesão que adapta sua oficina às suas necessidades. Ao descrever sua foto imerso em seu escritório de trabalho repleto de arquivos, pastas, fichas e outros aparatos utilizados para organizar seu pensamento, Roland Barthes sintetiza o efeito Zen de imersão no ambiente que ele criou para o seu corpo escrever. Em suas palavras: "Meu corpo só está livre de todo imaginário quando reencontra seu espaço de trabalho. Esse espaço é, em toda parte, o mesmo, pacientemente adaptado ao prazer de pintar, de escrever, de classificar."[39]

Onde você escreve? Você está à espera do lugar ideal? Você tem o seu ambiente para escrever? Você consegue escrever num local inesperado?

[39] BARTHES, R. **Roland Barthes por Roland Barthes**. São Paulo: Estação Liberdade, 2003. p. 50.

Contemple o erro

Quando sua prática é um tanto ambiciosa é que você desanima com ela. Logo, você deveria ser grato por receber um sinal, um aviso mostrando o ponto fraco de sua prática.[40]

Há poucos instantes, li uma passagem ainda em construção deste livro e constatei que ela está distante da simplicidade na linguagem visada para este manuscrito. A primeira sensação foi a de desânimo. "Escrevo há tantos anos e ainda escrevo mal" — foi o que minha mente acadêmica me disse com toda a sua certeza de sempre. Pior do que esse pensamento foi a sensação de que não havia nada que eu pudesse fazer para melhorar a minha escrita. Vi-me, então, como protagonista de uma das cenas mais comuns da vida acadêmica: deparar-se com o erro ou com os limites da escrita na tela do computador e adotar como única atitude a lamentação.

É raro que nossa mente seja nossa amiga ao contemplarmos os problemas da nossa escrita. É difícil ela nos falar coisas simples como: "Leia o seu texto em voz

[40] SUZUKI, Mente Zen, Mente de principiante, *op. cit.*, p. 67.

alta. Isso é suficiente para resolver muitos dos problemas da sua escrita", "Estude como escrever melhor e como revisar um texto acadêmico. Há inúmeros livros e aulas na internet sobre o tema", "Imprima seu texto e o edite no papel. Isso sempre funciona melhor do que ficar olhando para a tela do Word como se ela fosse uma tela a expor a morte da sua escrita", "Peça ajuda a alguém mais experiente que você. Sempre há alguém disposto a ajudar".

Se desconfiarmos um pouco da mente acadêmica e vislumbrarmos que ela não constitui a totalidade de nossa mente, logo percebemos que por trás da certeza de que não há nada a fazer perante um texto julgado como mal escrito está um ego implícito malicioso nos dizendo, por meio de uma dor pontiaguda no peito, que, se fôssemos realmente aptos para escrever, escreveríamos tudo perfeitamente ou, no mínimo, saberíamos prontamente como revisar nosso texto.

Escreva pouco

Se você continuar esta simples prática todos os dias, obterá um poder maravilhoso. Maravilhoso antes de ser atingido, mas nada especial uma vez obtido.[41]

Limitar a atividade da escrita é uma das atitudes mais saudáveis e profícuas para aqueles que se encontram em estado de elevado mal-estar para escrever seus textos acadêmicos. Impressiona que essa premissa básica em qualquer prática Zen, desde os seus primórdios, tenha se tornado um achado na psicologia da escrita apenas no fim do século XX.[42] Apesar disso, a resistência à limitação do tempo da escrita acadêmica é enorme entre as pessoas com dificuldade para escrever. Quando sugiro aos meus estudantes e pacientes que diminuam o tempo de escrita, por exemplo, para no máximo trinta minutos por dia, escuto apenas lamentações: "Eu preciso terminar meu texto até o mês que vem"; "Estou atrasado"; "Assim nunca vou terminar o meu texto"; "Você está louco?!". Quando a resistência à ideia de uma sessão breve de

[41] SUZUKI, **Mente Zen, Mente de Principiante**, *op. cit.*, p. 75.

[42] BOICE; JONES, Why Academicians don't Write, *op. cit.*

escrita é vencida pela primeira vez, o diálogo que tenho com aqueles sujeitos é quase sempre o mesmo:

> Eu: Há quanto tempo você não escrevia?
>
> Estudante: Há uns três meses.
>
> Eu: Quanto tempo você escreveu hoje, aqui comigo?
>
> Estudante: Só quinze minutos!
>
> Eu: Hoje você escreveu mais do que nos últimos três meses. Talvez, se você escrever trinta minutos todos os dias, no próximo mês você escreverá mais do que no último ano.

A diminuição do tempo para escrever é mais do que uma atitude para tornar a escrita profícua. É um meio de estabelecer o senso de presença na composição textual. Mas não racionalize essa afirmação, pois sua mente lhe dará mil motivos para não reduzir o tempo para escrever. Ela lhe dirá que "a tranquilidade você vive depois de acabar o texto acadêmico que o impede de viver tranquilo". Apenas escreva menos e foque a própria experiência da escrita, e não o que sua mente lhe diz sobre a experiência de usar pouco tempo para escrever. Mas se sua mente insistir em lhe dizer coisas como: "Isso não vai funcionar", sugiro que registre o pensamento a partir de uma simples técnica de meditação. Escreva: "Estou observando, neste exato momento, minha mente me dizendo com toda a certeza do mundo que eu não irei finalizar meu texto escrevendo apenas trinta minutos por dia." Se possível, deixe essa frase à vista, mesmo durante o momento da escrita. A função dessa atividade é simplesmente evitar a tentativa fracassada de silenciar a sua mente.[43]

Não lhe custará nada testar a diminuição do tempo para escrever. Se não surtir nenhum efeito, será só mais um dia normal em sua vida, sem nada escrito. Se esse argumento também não for suficiente para você escrever pouco tempo, pense no seu bloqueio da escrita como uma fratura grave sofrida por um atleta profissional que aceita a necessidade de limitar sua atividade física até a recuperação total de sua lesão. Nenhum jogador de futebol que quebrou a perna fica, na partida de retorno após a recuperação, noventa minutos em campo. Se sua escrita sofreu algum trauma, e tenho quase certeza de que ela sofreu, você não deveria praticá-la por muito tempo. Então, cuide de sua escrita como se fosse uma parte do seu corpo lesionada, porque é isso que ela é.

[43] HAYES, S. C. Buddhism and acceptance and commitment therapy. **Cognitive and Behavioral Practice**, 9(1), 58-66, 2002.

Pare assim que disparar

Certo dia, no momento em que o tiro partiu, o mestre exclamou: "Aí está! Incline-se!". Em seguida, como eu não podia, infelizmente, deixar de olhar para o alvo, constatei que a flecha apenas lhe roçara a borda. "Esse foi um tiro verdadeiro", afirmou o mestre, "e é assim que se deve começar. Mas por hoje basta, porque, se continuamos, o senhor se esmeraria demais no segundo tiro, pondo a perder esse bom começo.[44]

O que é descrito nessa epígrafe é outro exemplo de como o Zen antecipou descobertas da psicologia ocidental do século XX. Nesse caso, a descoberta de que a interrupção de uma ação, como resolver um problema intelectual, quando ele se aproxima de ser resolvido, aumenta as chances de retomada mais efetiva do problema no futuro próximo, assim como estimula a resolução do problema quando não se está pensando nele. Conhecido como efeito Zeigarnik, esse fenômeno psicológico formulado pela psicóloga Bluma Zeigarnik, na década de

[44] HERRIGEL, A Arte Cavalheiresca do Arqueiro Zen, *op. cit.*, p. 25.

1920, figura como uma das regras mais básicas do Zen desde os seus primórdios.[45]

Depreende-se desse efeito psicológico que o término de uma sessão de escrita é tão relevante quanto o seu começo, uma vez que o estado mental no qual cessamos uma atividade tem efeito direto sobre o seu desenvolvimento posterior. Logo, parar de escrever após o disparo da escrita de um *insight*, uma conexão teórica nova ou de qualquer escrita que esbarre no alvo textual deveria ser uma regra essencial para uma escrita acadêmica que visa ao senso constante de descoberta e autoria. Mas a aplicação dessa concepção ao âmbito da prática da escrita acadêmica igualmente soa impensável. Acadêmicos e acadêmicas acreditam que, se pararem de escrever logo após se aproximarem do alvo textual, perderão o fluxo do pensamento e da escrita. Essa é, contudo, só mais uma ilusão de uma mente cheia de falsas racionalizações. Quando paramos de escrever antes do esgotamento do pensamento, aumentamos as chances de escrever mais e melhor no futuro, e não o contrário. Por outro lado, se escrevemos até a exaustão, associamos a escrita a estados físicos e psicológicos que queremos evitar, como o cansaço extremo, o excesso de autocríticas e a falta de ideias. Por isso, quem escreve até o esgotamento físico e psicológico sofre mais para retomar a escrita de seus

[45] ZEIGARNIK, B. Über das Behalten von erledigten und unerledigten Handlungen. **Psychologische Forschung**, v. 9, p. 1-85, 1927.

textos do que aqueles que param quando ainda sabem o que têm a escrever. Basta lembrar das pobres almas acadêmicas que, após escrever a tese ou dissertação durante oito horas por dia, em um ou dois meses, antes do prazo final ou com o prazo vencido, para entregar os seus textos, nunca mais recuperaram a satisfação com a escrita. Muitos, na realidade, nunca mais conseguiram abrir o arquivo da tese ou dissertação.

No campo da ficção, muitos autores e autoras interrompem intuitivamente a escrita de seus livros como parte de seus processos de criação literária. Este é o conselho que o escritor estadunidense Ernest Hemingway dava aos novatos no campo da escrita ficcional: "Sempre pare quando estiver indo bem. Assim, quando retomar o trabalho, terá a satisfação de sentir que o que fez por último foi bom. Não espere até estar empacado e perdido."[46] Do mesmo modo, o profícuo escritor japonês Haruki Murakami avalia o impacto positivo da interrupção de uma atividade, quando compara sua prática diária de corrida com o seu ofício da escrita. Em suas palavras:

> No momento meu objetivo é aumentar a distância percorrida, de modo que velocidade não vem tanto ao caso. Contanto que eu possa correr uma certa distância, isso é tudo que importa. Às vezes, corro

[46] SCOTT, B. A. **Max Perkins:** um editor de gênios. Belo Horizonte: Intrínseca, 2015. p. 461.

> rápido quanto sinto vontade, mas, se aumento o ritmo, diminuo a quantidade de tempo que corro, e a ideia é deixar que a exaltação que sinto no fim de cada corrida dure até o dia seguinte". É o mesmo tipo de abordagem que creio ser necessária quando estou escrevendo um romance. Paro todo dia bem no momento em que sinto que posso escrever mais. Feito isso, o dia de trabalho seguinte transcorre *surpreendentemente* bem.[47]

Paro, então, por aqui, para a minha escrita transcorrer surpreendentemente bem amanhã.

[47] MURAKAMI, H. **O Que Falo Quando Falo de Correr**. Rio de Janeiro: Objetiva. 2016, p.12.

Escreva o que você não sabe

... um engano contínuo também pode ser Zen.[48]

Todos já experimentamos a sensação de que nossa voz não está no texto acadêmico que acabamos de escrever. Estudantes se referem a esse fenômeno como um tipo de mal-estar inerente à escrita acadêmica. Como ouvi inúmeras vezes, "A escrita acadêmica é chata porque só posso falar o que outro falou". Embora afirmações como essa sejam questionáveis, uma vez que a ciência só existe, ao menos quando pensamos em seus avanços, porque coisas novas foram escritas e publicadas, compreendo tal fala como consequência de uma lógica disciplinar que nos diz que tudo que escrevemos tem de se basear em referências e qualquer violação dessa regra é mero achismo.

No contato com grupos de escrita de estudantes de graduação e pós-graduação, eu me deparo constantemente com a necessidade de dissolver a contradição entre a exigência de referências bibliográficas em um texto acadêmico e a suposta impossibilidade de autoria. Geralmente, o paradoxo é mencionado quando alguns

[48] SUZUKI, **Mente Zen, Mente de Principiante**, *op. cit.*, p. 38.

estudantes alegam que a escrita acadêmica seria mera reprodução do pensamento de outros autores e autoras. Quando isso acontece, peço-lhes que leiam uma passagem de seus textos que exemplifique o problema. Na maior parte das vezes, de fato, os textos estão com marcas textuais que geram a sensação de impossibilidade de autoria, repletos de "fulano disse", "beltrano afirmou", "conforme sicrano". Igualmente, solicito aos estudantes que escrevam um pensamento julgado impróprio por não ter o amparo da literatura acadêmica.

A resistência é automática, por mais que eu deixe claro que aquela escrita é só um exercício e que ninguém será obrigado a mostrar o texto a outra pessoa. Nessas ocasiões, muitos me dizem: "Robson, mas eu não posso escrever o que penso. Isso não será aceito." Reafirmo que o propósito é escrever exatamente aquilo que eles acreditam que não será aceito como escrita acadêmica. Para encorajá-los, exponho textos de grandes intelectuais escritos na forma de notas, como pensamentos a serem testados. O exemplo que mais apresento é o descrito na autobiografia de Roland Barthes, quando o renomado linguista francês revela que toda a sua obra foi escrita a partir de fragmentos textuais, muitos dos quais escritos em primeira pessoa, que apenas com o tempo eram transformados em textos formais com processos de edição e revisão.[49] Dessa forma,

[49] BARTHES, Roland Barthes por Roland Barthes, *op. cit.*

ofereço a permissão ao estudante para interagir com sua linguagem mental como se esta fosse sua melhor amiga intelectual, o que de fato é. Então, em vez de silenciar a voz interna que parece inválida na escrita acadêmica, mas que inevitavelmente emerge durante a escrita de qualquer texto, o estudante volta sua atenção para dentro de si com uma lanterna semântica iluminando rastros de pensamentos novos que levam a trilhas infinitas de interpretações e conexões teóricas inesperadas. Assim, ele se vê interagindo com pensamentos até então vistos como sujeira mental e supostamente sem valor intelectual.

Ao escrever aqueles pensamentos, considerados por muitos meros devaneios teóricos infrutíferos, o estudante tem a possibilidade de se aproximar de uma escrita que, se tratada com o devido cuidado formal e analítico, tem o potencial para se transformar no texto autoral que ele supunha ser impossível de gerar. Vamos a um simples exemplo para mostrar como o pensamento aparentemente impreciso de um estudante de mestrado está carregado de possibilidades autorais, mesmo quando ele julga o contrário. Nele, apenas solicitei ao estudante que falasse e escrevesse ao mesmo tempo o que ele acreditava ser impossível de inserir no seu texto.

Ele falou e escreveu: “Robson, o que eu não sei escrever nesta parte da revisão da literatura da minha dissertação é que a literatura brasileira sobre transtornos psiquiátricos graves não leva em consideração o contexto nacional como um agravante das mais diversas formas de adoecimento psicológico das pessoas em nosso país. Ninguém na literatura diz isso, então eu não posso dizer nada sobre isso na minha dissertação. Olha esse tanto de artigo que achei, organizei e analisei [o estudante havia organizado e analisado mais de cem artigos], e nenhum deles me permite dizer que a psiquiatria simplesmente despreza o fato de que estamos num país com formas de sofrimento mental que têm relação com a nossa estrutura social. Perdi esse tempo todo e não tenho resultado para o meu mestrado. Só sei que o campo da psiquiatria brasileira explica os diagnósticos e tratamentos a partir da literatura internacional. Eu conferi isso nas referências bibliográficas [o estudante fez um complexo estudo bibliométrico]. Na verdade, categorizei todas as referências bibliográficas dos artigos analisados, e lá o Brasil não passa nem perto. Vi um artigo que relatava o diagnóstico de esquizofrenia em uma mulher negra que alucinava que seu cabelo era liso e loiro como de sua antiga empregadora, e o diagnóstico foi feito com dezenas de referências internacionais. Em nenhum momento o racismo brasileiro foi incluído como uma questão para o diagnóstico. Ele fez o diagnóstico, aplicou técnicas, receitou remédios e pronto. Enfim, não tenho pesquisa com isso."

Arrisco dizer que para você, leitor e leitora, é notável que a passagem está carregada de conhecimento autoral, a despeito de o estudante acreditar que não há nada de novo para escrever em seu texto. Em outros termos, ele se sente tão submisso à ideia de que necessita basear em referências tudo o que pensa — e, logo, escreve — que se torna insensível ao fato de que o conteúdo ausente na literatura representa um conhecimento novo e valioso derivado do seu grande investimento intelectual em sua pesquisa.

Perceba que a sugestão de escrever aquilo que ele presumia não ser aceitável em seu texto foi dada sem nenhuma diretriz formal. Não que essa dimensão da escrita seja desprezível, mas o meu propósito, naquele momento, era criar um espaço mínimo de permissão para que o estudante escrevesse aquilo que imaginava não poder escrever da forma como lhe viera à mente depois de muito trabalho de pesquisa. Por meio desse exercício, muitos estudantes se veem libertos da ideia de que o pensamento válido é apenas o dos outros autores e autoras. Observam que estavam repletos de pensamentos autorais, como aqueles que identificam contradições na literatura analisada, semelhanças entre diferentes perspectivas teóricas e conceituais, e limites entre informações coletadas e literatura utilizada para análise. A tomada de consciência de que os pensamentos imprecisos que permeiam a escrita de um texto acadêmico devem ser materializados, mesmo que seja para atestar a sua validade, altera nossa perspectiva não apenas sobre a escrita acadêmica, mas sobre a formação do pensamento intelectual como um todo.

A disciplinarização acadêmica que estabelece que "se não está na literatura, não tem como estar no texto" impede uma parcela significativa de nossos estudantes de ver a si mesmos como autores e autoras. Mas é insuficiente dizer a eles que aquilo que julgam incerto em sua linguagem mental está carregado de possibilidades autorais a serem testadas na linguagem escrita. É necessário incentivar práticas que permitam o emprego da linguagem incerta no cotidiano acadêmico para que os estudantes testem as ideias que inevitavelmente surgem durante a escrita de seus textos.

Talvez a defesa da escrita imprecisa faça mais sentido se a tratarmos também como uma psicoterapia da escrita acadêmica, visto que o conhecimento mais valioso num consultório de psicologia clínica é aquele que se constrói via uma linguagem vacilante e imprecisa. Qualquer psicoterapeuta bem formado sabe disso. Apenas quando o paciente se liberta das certezas que tem sobre si mesmo e se interessa por aquilo que é impreciso em sua linguagem, é que as possibilidades para a mudança psicológica surgem. Mas a linguagem acadêmica funciona de modo inverso ao esperado na clínica psicológica. Na universidade, admiramos quem fala e escreve com certeza de tudo. Vivemos então outra contradição. Por um lado, intuímos que certo nível de permissão para usar uma linguagem imprecisa, muito próxima da oralidade, em fases embrionárias de nossos textos, seja parte essencial da emergência de pensamentos originais. Por outro lado, nos sentimos pressionados a escrever com precisão e formalidade em todas as fases da escrita acadêmica, uma vez que qualquer vacilo na linguagem seria prova de um pensamento intelectual frágil.

Por último, é óbvio que a escrita acadêmica exige rigor, por mais que uma precisão total da linguagem seja impossível — uma constatação feita pelo Zen séculos antes do surgimento da filosofia da linguagem do século XX —, mas não precisamos nos ater aqui a debates teóricos sobre o tema. Volte-se para a sua experiência e recorde quantos foram os minúsculos momentos nos quais as partes mais originais de seus textos emergiram da permissão em escrever seus pensamentos incertos.

Dispare a escrita livre

Executado pelo mestre, o disparo parecia
simples e carente de complexidade,
como se fosse uma brincadeira infantil.[50]

Uma das práticas mais efetivas para se permitir escrever errado antes de escrever certo é a escrita livre. Como um dos princípios mais básicos do tratamento do bloqueio da escrita, a escrita livre é um disparo sem hesitação da escrita e sem a intenção de acertar o alvo textual. Quanto mais rápido é o disparo da escrita livre, maior é a distância entre a ponta da flecha e os críticos internos que obstruem o começo da escrita.

Presumo, contudo, que neste exato momento a sua opressora mente acadêmica esteja lhe dizendo que não há espaço para a escrita livre na universidade. Se esse pensamento o visitou, não lute contra ele; apenas aceite sua inevitabilidade, mas não a sua pseudoverdade. Volte-se para a conclusão mais simples de todas acerca da escrita livre: ela não é o seu texto final, ela não define a totalidade da pessoa que você é; ela é uma fase embrionária

[50] HERRIGEL, A Arte Cavalheiresca do Arqueiro Zen, *op. cit.*, p. 51.

ou intermediária da escrita que poderá ou não se tornar parte do seu texto acadêmico. Portanto, não se apresse em julgar a escrita livre como falta de rigor ou algo sem relação com a escrita acadêmica.

A escrita livre é um momento no qual a distância física, temporal e psicológica entre os pensamentos, as sensações não verbais de significado e o ato de escrever se diluem. À medida que a permissão para a escrita livre é introduzida no cotidiano, todas essas dimensões da escrita se tornam uma única ação. Acima de tudo, o rápido movimento da escrita livre gera uma ação psicomotora que dispara e, ao mesmo tempo, acessa a formação de pensamentos interditados pela exigência ditatorial de se escrever a primeira versão de um texto acadêmico de forma perfeita. Mas para que isso aconteça, é necessário que a escrita livre seja praticada com constância, até que a ilusão de que há um gênio represado em nós, esperando a libertação pela via da escrita, seja dissolvida. Ou seja, mesmo que a estética da escrita livre lembre a imagem do gênio romântico escrevendo desenfreadamente, ela é o oposto disso. Sua prática apenas nos mostra que a escrita é mais abundante em nós do que imaginávamos. E isso só se faz evidente quando escrevemos o mais rápido possível sem grandes pretensões de superioridade intelectual.

Se escrever o mais rápido possível, sem editar nem corrigir, tornará a escrita imediatamente melhor ou pior não é a questão. O objetivo é, antes de tudo, tornar a escrita disponível a despeito do que nossa mente acadêmica nos diga e apesar de nosso estado de humor. Na realidade, a prática da escrita livre nos torna cônscios de que a escrita independe da disposição para escrever, uma vez que seu emprego nos mostra que a disposição para compor muitas vezes acontece após o início da escrita e não antes dela. Mas a escrita livre não é um fim em si própria. Ela é um meio de enfrentamento ativo, e não reativo, do excesso de edição subjetiva que se interpõe entre nós e o movimento da escrita. Ela é, então, um meio de expressão da liberdade de pensamento que evita a interrupção precipitada da escrita para encontrar a suposta palavra certa — que suprime o fluxo de pensamentos novos conectados com aquilo que verdadeiramente gostaríamos de escrever.

Em *O Zen e a arte da escrita*, que inspirou o título deste livro, o escritor de ficção Ray Bradbury, praticante declarado da escrita livre, defende que os escritores e escritoras devem aprender algo essencial com animais como os lagartos e pássaros: o valor da velocidade de suas ações. Ainda em suas palavras: "Quanto mais rápido você se expressar, quanto mais prontamente escrever, mais honesto será. Na hesitação está o pensamento. Na postergação surge o esforço por um estilo, em vez do mergulho na verdade, que é o único estilo que vale uma queda moral ou uma caçada ao tigre."[51] Mas para muitos,

[51] BRADBURY, R. **Zen e a Arte da Escrita**. São Paulo: Biblioteca Azul, 2017, p. 35.

a escrita livre é um desperdício de escrita e de tempo. O que não percebem é que o disparo da escrita livre pode ser a única forma de se aproximarem daquilo que buscam pela via da escrita: o senso de autoria.

Quanto à experiência com a permissão para escrever errado antes de escrever certo, pressuposto nuclear da escrita livre, o escritor estadunidense Philip Roth recorda que sempre escrevia rapidamente por volta de cem páginas sem se preocupar com a qualidade do seu texto, pois sabia que seria necessário escrever mais ou menos essa quantidade de páginas para sentir que havia encontrado a escrita que almejava para o seu novo livro.[52] No caso da escrita acadêmica, resistimos a essa ideia, pois acreditamos haver uma reserva bastante limitada de escrita em nós, ou, pior, acreditamos que a nossa escrita é tão preciosa e rara que é inimaginável que precisemos escrever errado antes de escrever certo. O primeiro sinal dessa resistência é a própria tentativa excessiva de compreender teoricamente como é possível escrever sem intenção, por exemplo, de finalizar o texto. Eugen Herrigel viveu algo semelhante quando se viu mais uma vez intrigado com a afirmação de seu mestre Zen de que não é o arqueiro que dispara a flecha, mas sim algo que a dispara. Assim se deu o diálogo entre o discípulo e o seu mestre Zen:

[52] ROTH, P. **Por Que Escrever?** Conversas e ensaios sobre literatura (1960-2013). Companhia das Letras: Rio de Janeiro, 2021.

Herrigel: Como o disparo pode ocorrer se não for eu que o fizer acontecer?

Mestre Zen: Algo dispara.

Herrigel: Já ouvi essa resposta outras vezes. Modifico, pois, a pergunta: como posso esperar pelo disparo, esquecido de mim mesmo, se eu não posso estar presente.

Mestre Zen: Algo permanece na tensão máxima.

Herrigel: E o que é esse algo?".

Mestre Zen: Quando o senhor souber a resposta, não precisará mais de mim. E se eu lhe der alguma pista, poupando-o da experiência pessoal, serei o pior dos mestres, merecendo ser dispensado. Por isso, não falemos mais! Pratiquemos![53]

Ao questionar o seu mestre Zen, Herrigel assume uma postura comum entre estudantes e docentes quando lhes é proposta a realização da escrita livre: antes mesmo de praticá-la, querem explicações teóricas, como se a compreensão racional desse princípio da escrita fosse indispensável para praticá-la. Mas como nenhuma explicação teórica é suficiente para convencê-los de que a escrita livre diminuiria ou até mesmo dissolveria toda a intenção de escrever para finalizar um texto acadêmico, desistem de praticá-la antes mesmo de empregá-la uma única vez em suas vidas tão cheias de propósitos

[53] HERRIGEL, A Arte Cavalheiresca do Arqueiro Zen, *op. cit.*, p. 47.

intelectuais fracassados. Como me disse um estudante de pós-graduação em sofrimento para escrever sua tese de doutorado: "Eu até acredito que a escrita livre funcione, mas eu não consigo ainda colocá-la em prática, porque preciso saber mais sobre os fundamentos teóricos e empíricos do conceito."

Ao discorrer sobre a fase na qual aceitou o conselho de seu mestre, sem grandes questionamentos sobre o disparo sem intenção, apenas praticando o tiro com arco e flecha, dia após dia, Eugen Herrigel se lembra do efeito inicial de executar uma ação constante sem expectativas de seu desempenho:

> Passaram-se muitas semanas sem que eu tivesse avançado um passo, mas isso em nada me afetava. O longo aprendizado tinha me tornado indiferente. Aprender a arte, descobrir o que o mestre quis dizer com o seu algo, encontrar o acesso ao Zen, tudo isso me pareceu de repente tão longínquo, tão indiferente, que já não me preocupava. Em várias ocasiões, propus-me confessá-lo ao mestre, mas diante dele a coragem desaparecia. Estava convencido de que escutaria outra vez a sua resposta tranquila: "Não pergunte, pratique!". Então, deixei de fazer perguntas e, por pouco, também de praticar, se o mestre não me tivesse mantido seguro nas suas mãos. Indiferente, eu deixava os dias passarem, cumprindo da melhor maneira possível minhas obrigações profissionais, já não me afastando da constatação de indiferença que eu tinha diante

> daquilo a que, durante anos, eu dedicara meus mais persistentes esforços.[54]

Sobre essa etapa de sua prática Zen, Herrigel recorda que, após disparar mais uma flecha indiferente ao propósito de acertar o alvo, se viu surpreendido ao notar que o mestre lhe fazia uma profunda reverência. A cena é assim descrita pelo filósofo alemão:

> Mestre Zen: Algo acaba de atirar.
>
> Herrigel: Ao compreender o que ele queria dizer, fui tomado por uma incontida explosão de alegria.
>
> Mestre Zen: Minhas palavras não são de elogio, mas uma simples constatação que não deve alterá-lo. A minha reverência não foi dirigida ao senhor. O mérito desse tiro não lhe pertence, pois o senhor permanecia esquecido de si mesmo e de toda intenção, no estado de tensão máxima: o disparo caiu, tal qual uma fruta madura. Agora, continue praticando, como se nada tivesse acontecido.[55]

A escrita livre colocada em constante ação é suficiente para que algo em nós escreva nossos textos como uma flecha disparada em estado de tensão máxima que também cairá, em algum momento, tal qual uma fruta madura. Nesse momento, a autoria se fará presente sem

[54] *Ibidem*, p. 25.

[55] HERRIGEL, **A Arte Cavalheiresca do Arqueiro Zen**, *op. cit.*, p. 76.

o excesso de ego acadêmico que agora está lhe dizendo que você deveria estar lendo mais um texto teórico, em vez de ler um livro como este. Caso a sua escrita livre acerte o alvo intelectual que você tanto buscava, não há motivo de orgulho, assim como não há motivo de vergonha caso ela passe longe disso. Apenas continue escrevendo. Não trate a escrita livre como um caminho fácil para a revelação intelectual. Não a pratique em excesso. Apenas a incorpore em seu cotidiano acadêmico. Dez minutos de escrita livre diária são o suficiente para gerar mudanças substanciais na sua escrita acadêmica.

Você dorme. Você acorda. Você se levanta. Você se deita. Você respira. Você vive. Você morre. Você escreve. Só isso. E, quando não estiver mais esperando nada de especial da escrita livre, algo escreverá.

A postura para escrever

Na postura zazen, nosso corpo e nossa mente têm o grande poder de aceitar as coisas como elas são, sejam agradáveis ou desagradáveis.[56]

A primeira vez que senti horror perante meu corpo acadêmico retraído foi durante a leitura de *O Retrato de Dorian Gray*, quando o cínico Lorde Henry descreve a sua concepção da estética do intelectual. Em suas palavras:

> ... a verdadeira beleza acaba onde começa a expressão intelectual. O intelecto é em si uma forma de exagero e destrói a harmonia de qualquer rosto. Assim que nos sentamos a pensar, ficamos todos nariz, todos testa, ou outra coisa horrenda. Veja esses homens que triunfam em qualquer profissão intelectual. São completamente hediondos![57]

No começo da graduação, já percebemos o corpo curvado dos estudantes pelo excesso de aulas expositivas que serão esquecidas em breve. Se você duvida disso,

[56] SUZUKI, **Mente Zen, Mente de Principiante**, *op. cit.*, p. 50.

[57] WILDE, O. **O Retrato de Dorian Gray**. São Paulo: Martim Cloret, 2002. p. 25.

observe seus colegas em sala de aula, ou, caso seja um docente universitário, faça um pequeno experimento: fique em pé no meio da sala e peça aos estudantes que corrijam a postura. A cena é surpreendente: você observará todos curvados. Acima de tudo, observará que, quanto mais curvado um estudante está, mais resistência mostrará ao exercício de observar e corrigir a postura.

No Zen, a preocupação com o corpo e com a postura não é mero meio de compor uma estética esbelta. Muito menos é meio de parecer mais tranquilo ou focado do que as demais pessoas. Ela é mais do que isso: ela é o centro da prática Zen, pois "Colocar-se na postura já é o estado mental correto". Quando você se coloca na postura correta, "Não há necessidade de buscar um estado especial da mente".[58] Em outras palavras, a postura é em si uma ação indispensável na prática Zen, pois a correção cuidadosa da posição corporal impede a distração ou rigidez mental, ao mesmo tempo que produz a retomada imediata da consciência de estar no presente, aceitando-o como é.

A imagem tradicional da prática Zen está associada ao zazen, representado na clássica imagem de Buda sentado na posição de lótus, com seu pé esquerdo sobre a coxa direita e seu pé direito sobre a coxa esquerda. Embora o zazen seja uma postura básica na tradição do Zen-budismo, ele não é uma regra a ser seguida a todo custo, nem mesmo

[58] SUZUKI, **Mente Zen, Mente de Principiante**, *op. cit.*, p. 25.

nos mosteiros Zen. Limitações físicas e de espaço exigem que o zazen seja menos uma postura imprescindível e mais uma atitude de tomada de consciência de uma postura que conserva a coluna ereta e o queixo alinhado ao chão, de modo a manter o fluxo respiratório livre. Mas nossos corpos acadêmicos foram tão treinados para se contraírem e se curvarem, como tentativa fracassada de se proteger do mal-estar, que a retomada de uma postura que foi natural em nossa primeira infância se dá com grande desconforto na idade adulta. Melhor, a postura mais natural que existiu em nossas vidas é vivenciada — na universidade — como uma postura antinatural.

Para a escrita acadêmica, o equivalente ao zazen é se posicionar de modo a sentir-se desperto para a escrita, o que envolve a coluna ereta, como se ela fosse sustentada por uma base de moedas, orelhas e ombros alinhados, maxilar relaxado, pés alinhados e queixo levemente erguido de modo a manter a postura firme, mas sem fazer força. Os braços não devem ficar encolhidos nem esticados demais para escrever. É preciso sentar-se como se estivesse sustentando um céu que pesa um grama.

Tão ou mais importante do que manter a postura correta para escrever é retomar a postura quando o corpo tenta regredir à posição contraída e curvada, o que ocorre quando escrevemos para nos defender das críticas inevitáveis aos nossos textos. Podemos, com base nisso, supor que o curvar-se e o contrair-se durante a escrita tenha como consequência a propensão a gerar uma linguagem preocupada mais em nos proteger do que em nos posicionar perante aquilo sobre o qual discorremos. Não por acaso a escrita acadêmica é a que apresenta mais relações de redundância entre os mais diversos gêneros textuais.[59] Por isso, a postura correta aumenta as chances de nos impormos, na medida certa, em nossos textos, nos mantendo dispostos para argumentar a despeito dos inevitáveis ataques aos quais mesmo o melhor dos textos acadêmicos está exposto.

A tomada de consciência da postura correta e sua adoção tornam, então, a escrita uma extensão do corpo que escreve, no sentido de que a postura simboliza corporalmente o tipo de escrita que estamos propensos a gerar. Um corpo retraído tende a gerar uma escrita retraída. Um corpo relaxado tende a gerar uma escrita relaxada. Um corpo com a postura firme e segura tende a gerar um texto firme e seguro. O desafio é acreditar na existência de uma relação direta entre a postura para escrever e a própria forma e conteúdo da escrita.

A correção da postura para escrever é mais uma dessas pequenas práticas Zen de cujo valor duvidamos. Mas aqueles que a colocam em ação, nem que seja uma única vez ao dia, por um único segundo, observam imediatamente seus efeitos sobre a escrita.

[59] WALLWORK, A. Being concise and removing redundancy. In: **English for Academic Research:** writing exercises. Springer: Boston, MA, p.5-25.

Respire para escrever

Se o senhor não consegue, replicou o mestre, "é porque respira de maneira inadequada".[60]

Observar a respiração de modo a impedir a interrupção de seu fluxo é a mais básica das práticas Zen, mas é ao mesmo tempo uma das práticas mais difíceis de incorporar ao cotidiano. A observação deliberada do fluxo respiratório, mesmo que por poucos segundos, suscita estados de ansiedade insuportáveis para a maioria das pessoas. Essa ansiedade, contudo, não deveria ser tomada de imediato como consequência negativa, por mais que assim pareça à primeira vista.

Em minhas turmas de graduação em Psicologia, ao anunciar a realização de um breve exercício de observação da respiração antes de escrever, sem tentar controlá-la, muitos estudantes experimentam imediatamente algum nível de ansiedade. Por essa razão, ainda durante a explicação da atividade, alguns estudantes se levantam e saem da sala. Suponho, até mesmo, que você, leitor ou leitora, esteja sentindo algum nível de ansiedade, neste

[60] HERRIGEL, A Arte Cavalheiresca do Arqueiro Zen, *op. cit.*, p. 25.

exato momento, só de imaginar que teria de observar a própria respiração. Não os julgo, assim como não julgo meus estudantes, porque, no exato momento em que entramos em contato com a experiência de observar a respiração sem tentar controlá-la, a primeira atitude é a de controlá-la, mas esse controle é fracassado e instantaneamente seguido de algum nível de ansiedade; e por mais estranho que pareça, o treino de aceitação desse estado psicológico nos impele a aceitar o mal-estar inerente ao começo de atividades com alto nível de pressão por desempenho elevado.

"Sem ar não podemos respirar."[61] Essa frase de Suzuki deve ser interpretada para além da sua obviedade. No contexto Zen, ela significa que ar e respiração precisam estar numa mesma frequência para que ambos propiciem o senso de presença independentemente do que se tenha de fazer. Assim, quanto mais a respiração é percebida através de uma mente maior, que observa atentamente o ar entrar e sair, maiores são as chances de imersão em atividades que evitamos iniciar, como a escrita acadêmica, a despeito do mal-estar corporal e do excesso de pensamentos negativos. Mas não lute com a descrença acerca do valor de uma breve observação de sua respiração no momento da escrita. Muito menos faça grandes planos para observar a própria respiração

[61] SUZUKI, **Mente Zen, Mente de Principiante**, *op. cit.*, p. 58.

antes e durante a escrita acadêmica. Trinta segundos ou um minuto de observação da respiração são o suficiente para a maioria das pessoas se sentir mais preparada para começar a escrever. Então, apenas observe o ar entrar e sair e comece a escrever. Como nos diria Suzuki: "Assim, quando nos sentamos, concentramo-nos em nossa respiração, nos tornamos uma porta de vaivém e fazemos o que deve ser feito, algo que temos de fazer. Isto é prática do Zen."[62]

[62] *Ibidem*, p. 59.

Observe as pontas dos dedos

Uma pintura maravilhosa é fruto da sensibilidade em seus dedos. Se você sente a consistência da tinta em seu pincel, a pintura já está lá, antes mesmo de você pintar.[63]

Observar as mãos durante o ato da escrita, e não a cabeça, é um meio de amenizar o excesso de crítica emitida por uma mente acadêmica cruel que nos diz que não sabemos escrever. A mente se desloca, assim, para as mãos e pontas dos dedos, que, se observados com atenção diligente, quando em ação, nos mostra que a solução do bloqueio da escrita é, muitas vezes, mais uma questão de movimento do que de luta com nossa linguagem mental infinitamente conflituosa.

Com relação ao papel dos movimentos da mão na prática Zen, tenho poucas dúvidas de que, se o filósofo Eugen Herrigel estivesse nos ensinando a escrever um texto acadêmico, ele nos diria que o que vale para o disparo com arco e flecha também vale para a escrita. Ele ainda nos diria:

[63] SUZUKI, Mente Zen, Mente de Principiante, *op. cit.*, p. 103.

> Lembremo-nos do pintor que trabalha com tinta nanquim. Sua habilidade se revela quando a mão, dominadora incondicional da técnica, executa e torna visível a ideia que naquele exato momento está sendo criada pelo espírito, sem que haja qualquer distanciamento entre a concepção e a realização. A pintura se transforma numa escrita automática.[64]

A concentração nos movimentos das mãos durante a escrita potencializa a atenção ao presente, aumentando a sensibilidade para a interação com a diversidade dos estímulos táteis, sonoros, perceptuais e olfativos existentes no microcosmo que é o instante inefável da escrita. Com bem expõe Alexandra Peary:

> ... incrível a complexidade dos movimentos físicos de escrever com a mão, os vários efeitos sonoros como digitar ou raspar o pulso em uma folha de papel, o cheiro de tinta, o calor de um laptop superaquecido — tudo isso envolve até o ato mais comum de escrever, muitas vezes sem nossa percepção consciente dessas sensações como parte de nosso ambiente da composição.[65]

Para aqueles que desejem incluir na rotina da escrita acadêmica a atenção ao movimento das mãos, segue

[64] HERRIGEL, **A Arte Cavalheiresca do Arqueiro Zen**, *op. cit.*, p. 25.

[65] PEARY, A. The Terrain of Prewriting. **Journal of Creative Writing Studies**, v. 2, p. 1-21, 2016.

breve instrução, retirada do fascinante trabalho de Alexandria Peary sobre o valor de práticas de meditação e Yoga para as mãos.

1. Preste atenção na postura para escrever e a corrija.
2. Preste atenção na respiração por ao menos um minuto.
3. Observe a si mesmo ao mover suas mãos em direção ao teclado ou pedaço de papel no qual vai escrever.
4. Inicie a escrita livre sobre o conteúdo a respeito do qual pretende escrever.
5. Volte sua atenção para a coreografia dos seus dedos, observando a complexidade dos movimentos do teclar ou da escrita com lápis ou caneta.
6. Escreva o mais rapidamente possível.
7. Escreva o mais lentamente possível.
8. Defina um ritmo aceitável para o movimento da sua escrita.
9. Observe os efeitos sonoros da digitação ou caligrafia.
10. Se sua mente julgar a atividade negativamente, observe seus dedos descrevendo esses pensamentos na escrita. Em seguida, volte a escrever.[66]

Essas instruções não visam criar um processo linear de observação do movimento das mãos para escrever, até

[66] *Ibidem*, p. 3.

porque, após ser implantado, ao longo do tempo, esse processo se altera de pessoa para pessoa, de momento para momento. Teclar, observar a respiração, sentir as pontas dos dedos originando a escrita lentamente ou rapidamente, ouvir o som da escrita e a coreografia dos dedos e das mãos tornam-se uma coisa só.

Vire-se para o texto

O movimento nada mais é
que a qualidade do nosso ser.[67]

Após o recebimento de comentários em bancas de qualificação, de mestrado ou doutorado, uma parte significativa dos estudantes experimentam dificuldades de aproximarem seus corpos do texto que necessitam revisar. Mais corriqueiro ainda é que esses sujeitos percebam as dificuldades para escrever como uma questão puramente intelectual. Dificilmente imaginam que a retomada da escrita dependa em algumas ocasiões mais do movimento do corpo do que de alguma deliberação da mente.

Uma forma de colocar em dúvida a efetividade dessa visão perante a escrita é observar os efeitos da interação entre micro movimentos corporais e os estados verbais e não verbais no momento da escrita. Este foi o caso com uma estudante de doutorado em psicologia que apresentava um quadro grave de bloqueio da escrita, intensificado após a sua banca de qualificação, quando

[67] SUZUKI, **Mente Zen, Mente de Principiante**, *op. cit.*, p. 101.

recebeu de um dos avaliadores, os dois primeiros capítulos de sua tese, com uma média de cinco comentários por página, contabilizando um total de duzentos e cinquenta críticas e sugestões de mudanças de seu texto. Uma estratégia quase sempre infrutífera para auxiliar estudantes de pós-graduação.

A queixa principal da estudante foi a sua extrema dificuldade de se reaproximar do texto e lidar com a necessidade de sua revisão a partir das anotações emitidas pelo avaliador. Como ela me disse: "Eu não consigo nem olhar direito para o computador. Abrir o texto?! Quase não consigo. Não consigo ficar um minuto sentada na cadeira quando o arquivo está aberto. Tenho taquicardia e sudorese. Minha ansiedade aumenta demais. Meu corpo fica todo paralisado. Fiz terapia um tempão e não mudou nada. Fico bem quando falo do problema, mas quando me aproximo do texto, tudo volta."

Embora o caso seja complexo e envolva outras dimensões psicológicas e sociais da vida da estudante, uma das primeiras intervenções foi simples: ler em conjunto com ela apenas os cinco primeiros comentários realizados pelo avaliador. Solicitei, então, que ela lesse lentamente um comentário por vez. Em seguida eu lia a mesma passagem de forma mais lenta ainda. Solicitei também que ela descrevesse suas sensações e sentimentos sem avaliações, após cada leitura dos comentários. A partir do modelo fornecido de descrição, ela relatou: "Eu agora percebo meu peito mais apertado, também percebo aquela sensação do meu tronco se virando, como se estivesse me preparando para sair correndo do texto. Há também um sentimento de tristeza e frustração acontecendo."

Embora possa parecer aos leitores e leitoras uma estratégia banal, ao ler lentamente aquilo que a estudante tanto evitava, o propósito inicial foi alcançado: criar condições para que ela se reaproximasse minimamente do texto via leitura e oralidade, em conjunto com a observação deliberada dos seus estados psicológicos verbais e não verbais, evitando cuidadosamente se esquivar da presença do texto. Segue continuidade da intervenção:

Eu: O que você está sentindo em relação aos comentários neste exato momento que acabamos de lê-los?

Estudante: É esquisito demais ler em voz alta lentamente. – Ela falou rindo.

Eu: Esquisito como?

Estudante: Já no meio do exercício senti como se os comentários não fossem tão pesados como eu sentia antes. Até porque eu nem os li direito, né? Minha atitude era sempre correr deles. Estou fazendo isso há meses, talvez, quase um ano. Inclusive, sei interpretar muitas das razões inconscientes e conscientes do mal-estar, mas ainda assim não conseguia nem ficar perto dele, como foi agora, porque eu só batia o olho neles e a minha mente e corpo já iam para longe.

Eu: Descreva qual era sensação no seu corpo quando isso acontecia.

Estudante: Sabe aquela sensação de que eu lhe falei antes? Sensação de horror de ter que ler e fazer tudo o que o professor pediu para eu fazer no texto? Aquele aperto no peito, aquele nó na garganta e, às vezes, até aquela vontade de sair correndo aqui do consultório, como eu senti a primeira vez que eu lhe mostrei o texto, não estão fortes como antes. Em alguns momentos tornaram-se inexistentes.

Observação: pela primeira vez a estudante aproximou mais as suas mãos do computador, chegando algumas vezes a encostar o dedo na tela, em cima de algum comentário, como se estivesse tocando um objeto qualquer que necessita de restauração.

Eu: Estou vendo seu dedo em cima do comentário que você achava muito pesado. Está mais confortável para você se aproximar do texto? Imaginar-se resolvendo cada um dos comentários?

Estudante: Ele tem um peso, mas não é tão grande assim. Mas meu peito dói em imaginar que terei que ler comentário por comentário e revisar este texto todo, que eu escrevi com tanto envolvimento.

Observação: Após a fala, a estudante se posicionou na cadeira inclinando seu corpo de modo que ele não estivesse mais direcionado para a página do seu texto. Igualmente, tirou suas mãos da mesa, colocando-as em cima da perna, como fazia nas primeiras sessões, quando relatava seu desespero por estar há meses sem escrever sua tese.

Eu: Eu gostaria de propor outra atividade bem estranha, mas bem simples. Uma atividade que você pode não fazer ou parar de fazer quando quiser.

Estudante: Tudo bem. O máximo que pode acontecer é isso daqui, né...? Eu ficando mais um dia toda travada sem tocar no texto.

Eu: Ok. Vamos lá. Gostaria que você apenas mudasse sua posição na cadeira de modo que seu corpo fique de frente para o arquivo da tese aberto na tela do computador. Agora, bem lentamente, observando o máximo possível o movimento do seu tronco e braços, repouse sua mão direita no mouse e sua mão esquerda sobre o teclado. Fique aí por alguns segundos. Observe o que está sentindo e o que está pensando, como fizemos antes. Observe o toque da ponta dos seus dedos no teclado e a palma da sua outra mão sobre o mouse. Leia agora o primeiro comentário do avaliador. Aquele comentário que você me disse que gerava mal-estar "de cara".

Estudante: "Comentário: aqui é necessário você tomar uma decisão. Apague o parágrafo e escreva outro semelhante no final da introdução, ou copie e cole ele lá. O parágrafo está bem escrito, mas ficou sem lógica aqui. Veja se concorda."

Eu: Sei que por mais que o comentário seja "simples", quando pensamos que ele é só o primeiro de duzentos e cinquenta comentários que você terá de ler e decidir como revisar, ele tem alto potencial para lhe gerar mal-estar. Até porque no passado, outras pessoas fizeram comentários de forma muito agressiva em seus textos, como você já me disse e mostrou. Mas vamos agora focar apenas no primeiro comentário. Decida se vai deletar ou copiar e colar ele no final da introdução. Não tenha pressa.

Estudante: Vou deletar. Ele tem razão, escrevi este parágrafo para mim mesma e é melhor eu fazer um novo paragrafo no final da introdução, mais coerente com o desenvolvimento do texto como um todo.

Eu: Então observe com bastante atenção ao movimento do seu corpo em direção ao texto levando suas mãos a selecionar e deletar o parágrafo.

Estudante: Pronto! É isso... Está feito! Muitas coisas só dependem de um clique.

Eu: Ok. Então finalizamos a sessão aqui, neste clique.

Nas sessões seguintes, dez minutos eram dedicados a essa atividade. Após quatro encontros, a estudante apresentou baixo nível de mal-estar para iniciar a escrita de sua tese, por isso começou a resolver sozinha os demais comentários feitos em seu texto. Com quatro semanas ela também incorporou ao seu cotidiano sessões breves de escrita, sempre atenta aos movimentos do seu corpo para escrever e evitando a escrita até a exaustão, como era comum no seu passado acadêmico.

Embora não seja meu propósito neste livro aprofundar em teorizações sobre as relações entre as práticas zen e a psicologia clínica, o caso da estudante reflete o despreparo de muitos psicoterapeutas e analistas em lidar com casos como o apresentado, pois muitos desses profissionais são adeptos de ideologias da escrita, sejam elas românticas ou racionalistas. Com isso, esperam que todos os problemas psicológicos da escrita sejam resolvidos com o paciente sentado no sofá ou deitado no divã, com seu corpo parado esperando a ativação da escrita por alguma solução que se encontra exclusivamente na fala. Desprezam, assim, os limites de suas intervenções, porque supõem que a fala, tratada, muitas vezes, como uma mente incorpórea, determine a gênese da escrita como mera resposta motora. Resistem, desse modo, a propor intervenções direcionadas para o movimento do corpo, porque em suas concepções, o corpo nunca teria primazia na determinação do movimento da escrita.

Faço essa breve digressão porque a paciente mencionada neste capítulo passou por dois anos de análise e um ano e meio de terapia cognitivo-comportamental, sem que os profissionais que a atenderam propusessem qualquer intervenção que focasse os seus estados corporais no momento da escrita, possivelmente por presumirem que tais estados são apenas resultados de uma mente imaterial. Uma postura mais promissora, tanto para os leitores e leitoras deste livro, quanto para os possíveis profissionais da psicologia, é integralizar o movimento da escrita também como uma linguagem, nesse caso, não verbal, que se relaciona e é essencial para o tratamento daqueles sujeitos que sofrem para escrever seus textos acadêmicos.

A escrita acadêmica como desenho

Não posso fazer um desenho por qualquer outra razão que não a de meramente desenhar.[68]

A ideia de que é essencial que um acadêmico e acadêmica domine inúmeras formas da escrita de um texto inexiste em nosso cotidiano universitário. No máximo, o nosso foco tem sido ensinar regras de normatização, descrição de dados e apresentação de algumas estruturas básicas de manuscritos acadêmicos. Nas ciências humanas e sociais, muitas vezes, nem esses tópicos são ensinados e nosso foco recai exclusivamente sobre o conteúdo da escrita, como se a forma do texto fosse algo totalmente secundário. Dificilmente a conversa com um estudante sobre a escrita de sua monografia, dissertação ou tese avança para o "qual será a forma do seu texto?" No geral, ela fica apenas no "sobre o que você vai escrever?" Deixamos assim de considerar que a forma é tão importante quanto o conteúdo do que escrevemos no texto acadêmico. Na verdade, o domínio da forma é mais relevante do que o domínio do conteúdo em certas fases da escrita acadêmica, uma vez que os limites do desenvolvimento

[68] SUZUKI, Mente Zen, Mente de Principiante, *op. cit.*, p. 15.

do pensamento, em um manuscrito, são também definidos pelo domínio de formas para escrevê-lo.

Imagine um confeiteiro que passou horas preparando um bolo. Para tanto ele organizou ingredientes, misturou-os em certa ordem e só então os despejou numa fôrma para assar o bolo. Como seria possível o bolo ficar pronto sem a fôrma? Simplesmente não seria. Seria absurdo se o confeiteiro jogasse a mistura do bolo no forno esperando que ela se transformasse em um bolo perfeitamente assado. É assim que muitos de nós tentamos assar os nossos textos. Abrimos uma página do Word e jogamos todos os ingredientes textuais, supondo que em seguida o texto ficará pronto. Como isso não acontece, culpamos a nós mesmos e aos outros por nosso texto ter sido assado incorretamente.

À medida que nosso conhecimento sobre um tema aumenta e a pressão por produzir um texto melhor se eleva, a tendência é de que nos esqueçamos de usar as fôrmas da escrita que dominamos de maneira tácita ou consciente. Mais do que isso. É provável que desprezemos o fato de que em certas receitas textuais serão necessárias fôrmas específicas para assar nossos textos — fôrmas textuais que ainda não possuímos em nossa cozinha da escrita, mas que podem ser aprendidas com tempo e paciência por um processo muito comum na prática privada de grandes escritores e escritoras, mas banido da vida acadêmica como se fosse a pior das imoralidades textuais: a imitação e cópia de modelos de textos.

A proposta da emulação de fórmulas textuais — por exemplo, de frases, parágrafos, seções e capítulos — como uma prática a ser adotada no cotidiano acadêmico é vista, por muitos de nós, como violência e alienação do pensamento e da escrita de nossos estudantes. Alienação, contudo, é supor que alguém deva escrever com segurança textos complexos sem o mínimo conhecimento dos arranjos de sua organização micro e macrotextual, que devem ser estudados e treinados. Em vez de ser uma ferramenta de alienação da escrita e do pensamento, o domínio de fórmulas textuais é o caminho para que nossos estudantes se sintam livres e seguros para desenvolver seus manuscritos, assim como o arqueiro se sente livre para disparar sua flecha, depois de anos e anos, emulando como seus mestres praticam aquela arte.

Desenhistas emulam o desenho de outros desenhistas. Por que não deveríamos emular as fórmulas básicas e sofisticadas da escrita acadêmica? Se você tem medo de que sua escrita pareça artificial ou uma simples reprodução de modelos prontos, então se pergunte como seria possível chegar ao nível de autoria almejado sem antes desenhar a escrita como aqueles que a desenharam maravilhosamente no passado em seus textos acadêmicos.[69]

[69] Para a aprendizagem de regras e formas básicas e sofisticadas que o levarão a desenhar melhor o seu texto acadêmico, ver: VIEIRA, F. E.; FARACO, C. A. **Escrever na Universidade:** gramática da norma de referência. São Paulo: Parábola Editorial, 2022. Igualmente, para utilizar a imitação como meio de aprendizagem da escrita acadêmica, ver: IRENE, L. C. **Writing, Imitation, and Performance**: insights from neuroscience research. New York: Routledge, 2022.

Monte um texto

Quando nos esquecemos da fonte fundamental de nossa criatividade, ficamos como crianças que não sabem o que fazer quando perdem seus pais.[70]

Um dos mais fascinantes achados do processo de escrita de autoras e autores profícuos é o fato de que gastam significativa parte do tempo pré-escrevendo seus textos. Ou seja, escrevendo para escrever e depois montando seus textos como peças soltas que se combinam e recombinam até que uma figura textual seja formada, como se fossem crianças buscando dar lógica às peças de um quebra-cabeça.[71] Contrária a essa postura é a atitude da maioria dos estudantes e docentes universitários em sofrimento para escrever seus textos acadêmicos. Esses, no geral, querem escrever seus textos de forma linear e sem ao menos imaginá-los como figuras a serem organizadas. Não percebem que a escrita acadêmica seria mais fácil e fluida se percebida como uma peça de madeira a ser transformada numa mesa ou simples cadeira.

[70] SUZUKI, Mente Zen, Mente de Principiante, *op. cit.*, p. 66.

[71] MURRAY, D. Teach Writing as a Process Not a Product. The Leaftler, p. 11-14, 1972.

Me pergunto quanto sofrimento teria sido poupado se o texto acadêmico fosse antes de tudo concebido como uma figura a ser montada. Me pergunto ainda mais por que essa perspectiva, tão presente entre grandes intelectuais, nunca foi tomada como atitude a ser seguida. Muitos diriam que os grandes intelectuais escrevem assim porque atingiram níveis de abstrações inalcançáveis para a maioria das pessoas, eu diria que seus níveis elevados de abstrações teóricas sofisticadas foram alcançados justamente porque, antes de tudo, concebem seus textos como peças soltas a serem montadas e remontadas.

Crie uma mente externa

Nós não devemos esquecer o que fizemos, desde que a lembrança esteja livre de rastros adicionais. Deixar rastros não é o mesmo que lembrar alguma coisa. É necessário lembrar o que fizemos, mas não devemos apegar-nos ao que fizemos em nenhum sentido especial.[72]

A materialização do pensamento em escrita libera de imediato espaço cognitivo em nossa mente. Esse fato que levou ao surgimento da própria escrita na história humana é, também, uma constatação autoevidente para a psicologia da memória, quando essa ciência investiga o cotidiano de trabalho de profissionais altamente criativos em seus campos do conhecimento.[73] Como expõe Levitin, "As pessoas no topo de suas profissões, sobretudo que são conhecidas por sua criatividade e sua eficiência, utilizam ao máximo sistemas de atenção e de memória externos ao cérebro".[74]

[72] SUZUKI, **Mente Zen, Mente de Principiante**, *op. cit.*, p. 61.

[73] BADDELEY, A. D. **Working-Memory**. New York: Oxford University Press,1986.

[74] LEVITIN, D. J. **The Organized Mind**: thinking straight in the age of information overload. Plume: Penguins Book, 2014. p. 99.

Um dos primeiros efeitos da materialização do pensamento na escrita é a diminuição do falatório mental infértil com que todo acadêmico e acadêmica lida diariamente. Para que isso ocorra, é necessário criar uma mente externa para a escrita — um arquivo, de preferência, com anotações a serem continuamente organizadas. Hegel, Lévi-Strauss, Roland Barthes e Niklas Luhmann foram alguns dos intelectuais que escreveram toda a sua obra assim.[75] Se esses sujeitos não acreditavam que seriam capazes de guardar tudo em suas memórias, por que nós deveríamos acreditar nisso?

Todas as vezes que você materializa um pensamento em escrita e o arquiva para uso posterior, sua mente agradece o aumento de espaço para que mais pensamentos se desenvolvam com fluência — principalmente considerando que é só quando materializamos o pensamento em escrita que obtemos condições de receber comentários sobre os nossos textos.[76] Por exemplo, uma amiga e pesquisadora, sempre cuidadosa com os meus textos, a professora Fabiana Neves, da Universidade Federal Fluminense, identificou, no pensamento expresso nas frases

[75] KRAJEWSKI, M.; KRAPP, P. **Paper Machines:** about cards & catalogs, 1548-1929. Massachusetts: MIT Press, 2011. BARTHES, **Roland Barthes por Roland Barthes**, *op. cit.*

[76] INTONS-PETERSON, M. J., NEWSOME, G.L. External Memory Aids: Effects and Effectiveness. In: HERRMANN, D. J. *et al.* (ed.). **Memory Improvement**. New York: Springer, 1992.

anteriores, um problema em recorrer à metáfora computacional da mente, utilizado de modo um tanto relapso na minha argumentação sobre o valor da materialização da escrita e seus efeitos sobre a memória. Nas palavras dela, numa caixa de comentários, dessas que deixamos fora dos nossos textos, mesmo possuindo grande valor para o nosso pensamento, ela questionou com toda razão e esmero: "Tem uma coisa que me preocupa aqui (queria até conversar mais sobre isso): entendo que esta é só uma metáfora, mas acho que reforça a ideia da "mente como contêiner", que me parece atrapalhar um pouco a forma como estudamos e aprendemos, especialmente para os menos experientes. Com os alunos, gosto sempre de desconstruir essa ideia e mostrar que nossa mente cria conexões, não é um mero repositório. É que essa ideia de armazenamento parece reforçar as estratégias escolares tradicionais, como a decoreba. Uma reflexão..."[77]

Externalizar a escrita torna-se ainda mais importante quando se constata que a capacidade da memória de trabalho é menor do que imaginávamos e que seu funcionamento sofisticado não se dá por acumulação ou armazenamento, mas por conexões entre ideias.[78] Fato pouco propagado, durante muito tempo, por causa das

[77] NEVES, F. **Comunicação pessoal.** Rio de Janeiro: Niterói, 2022.

[78] LANG, J. M. **Small teaching:** everyday lessons from the science of learning. San Francisco: Jossey-Bass, 2016.

teorias computacionais da mente que deram excessivo valor as metáforas do cérebro como HD infinito.

Como antes exposto, quando nos voltamos para o cotidiano de pessoas criativas, a metáfora computacional da mente se torna ainda mais inválida, visto que esses sujeitos não acreditam que sejam capazes de se recordar de tudo para a realização de suas atividades; por isso é comum que construam uma memória externa, seja para se lembrarem de coisas simples, seja para se lembrarem de coisas complexas. Conscientes ou não do efeito cognitivo dessa operação, o que essas pessoas conseguem com isso é um senso psicológico de maior fluência de seus pensamentos e organização de suas vidas; e, por conseguinte, o aumento da capacidade de recuperação de memórias de curto, médio e longo prazo. Ou seja, justamente por criarem uma mente externa e a utilizarem de forma sistemática, em busca de combinação e recombinação constante dos seus mais diversos elementos, tais sujeitos aumentam a própria capacidade de suas memórias, posto que nunca estão sobrecarregados da obrigação de lembrar de tudo sem o auxílio externo.[79]

Não pensem que uma memória externa envolva algo muito complexo, como esses mil aplicativos em nossos computadores, instalados com a esperança de que um dia seremos pessoas perfeitamente organizadas

[79] LEVITIN, **The Organized Mind**, *op. cit.*

para escrever. Um orientando de monografia com o qual trabalhei durante um ano, depois de gastar tempo demais aprendendo a usar aplicativos, para organização de informações, que nunca usou para escrever, criou sua memória externa para redigir seu trabalho de conclusão de curso, com quatro caixas de sapato, as quais serviram para ele organizar todo o material de sua leitura por meio de folhas de papel A4, cortadas ao meio, com anotações sobre sua pesquisa teórica. Desse modo, abandonando o desejo de ser um profícuo usuário de tecnologias de alta densidade da escrita, ele adotou um sistema de notas bastante artesanal, escrevendo seu texto de forma segura e com grande senso de engajamento material e intelectual.[80]

[80] Para quem tiver interesse no sistema de notas adotado pelo estudante, ver: CRUZ, R.N & REZENDE, J. V. A Escrita de Notas como Artesanato intelectual: Niklas Luhmann e a escrita acadêmica como processo, **Pro-posições**, 35, n.1, p.1-20 , 2023.

Limpe o tatame para escrever

... você deve fazer uma "faxina geral na casa" de sua mente. Deve retirar todas as coisas de seu quarto e limpá-lo completamente. Se forem necessárias, recoloque-as no lugar. Você pode querer muitas coisas; nesse caso, traga-as uma a uma de volta. Mas, se não forem necessárias, não há por que guardá-las.[81]

Os computadores de estudantes e docentes universitários refletem, em muitos casos, as mentes dispersas, difusas, desorganizadas e recalcadas de seus usuários. Arquivos com inúmeras versões de um mesmo texto inacabado, pastas e mais pastas com o mesmo nome e centenas ou milhares de PDFs que nunca serão lidos representam a mente acadêmica de indivíduos que vivem diariamente imersos num caos digital, como se fossem protagonistas de um *reality show* de acumuladores compulsivos que não conseguem se desapegar de arquivos que bloqueiam o seu acesso ao cômodo da escrita, por acreditarem que todo e qualquer material armazenado em seus computadores é essencial para suas vidas acadêmicas.

[81] SUZUKI, **Mente Zen, Mente de Principiante**, *op. cit.*, p. 108.

O computador deveria ser visto como um tatame de um mosteiro Zen da escrita: um lugar a ser limpo e arrumado, não por uma obsessão pela arrumação, mas como uma tarefa diária a ser realizada com máxima atenção. A dificuldade para limpar nossos computadores talvez seja a dificuldade de um encontro inevitável, mas necessário, com os inúmeros textos inacabados que nunca serão finalizados, assim como com as inúmeras leituras tão desejadas que nunca serão realizadas. Não por acaso, muitos estudantes e docentes transitam em seus computadores sem perceber que sempre fazem a mesma rota para acessar seus arquivos, como forma de manter a ilusão de que seus computadores não estão entulhados de arquivos inoperantes a sobrecarregar não apenas a memória RAM, mas as suas próprias memórias. Mas fingir que nossos computadores não estão entulhados de lixo digital não alivia nossa mente para escrever.

Se considerarmos o computador uma extensão de nossa mente, concluiremos que esta merece um bom lugar para descansar. Um lugar limpo, arejado e organizado o suficiente para que a redação de nossos textos flua e se depare com o menor número de obstáculos possível. É essa a minha intenção quando solicito aos meus estudantes e pacientes que reservem cinco minutos de seu dia para limpar seus computadores sem pressa, sem esforço demais para deixar tudo organizado de uma vez só. Experimente, então, excluir aqueles inúmeros PDFs baixados anos ou décadas atrás, quando você nutria a ilusão de que tinha um dia de setenta e duas horas para ler todos os livros e artigos de sua área do conhecimento. Exercite apagar as dez versões inacabadas daquele capítulo de sua dissertação, tese ou monografia. Teste renomear os arquivos de cujo conteúdo você já não faz a mínima ideia do que se trata.

Fazendo essa limpeza diária, você não apenas enviará para a lixeira aquilo que lhe é inútil no presente, mas também encontrará fragmentos textuais escritos anos atrás que podem ser úteis agora. O caso mais impressionante, que presenciei, foi o de uma estudante de pós-graduação que sofria para escrever sua tese de doutorado por acreditar ter pouco conteúdo para escrever seu texto. Durante uma breve sessão de limpeza de seu computador, após grande resistência em seguir minha sugestão para tanto, ela encontrou um arquivo, numa pasta que não tinha nada a ver com a sua pesquisa, com um capítulo de trinta páginas pronto para sua tese, cujo título era "rascunhos". Esse arquivo estava esquecido em seu computador havia mais de dois anos. O motivo para o recalque daquele capítulo fora uma crítica agressiva que ela sofrera em um evento acadêmico.

Ainda com dúvidas sobre a validade daquele texto recalcado no aparelho psíquico do seu computador, a estudante solicitou à sua orientadora que o lesse de modo a avaliar sua qualidade. A resposta da orientadora foi: "Onde estava essa escrita maravilhosa que eu nunca vi?! Esse capítulo é o centro da sua tese. Não acredito que você achou que não sabia escrever bem. Vamos tomá-lo como parâmetro de qualidade do restante da escrita do seu texto e de sua capacidade intelectual."

Não se empolgue demais

Nossa maneira de praticar sem empolgação pode parecer um tanto negativa.[82]

Muitos estudantes e docentes universitários se sentem orgulhosos de estarem cheios de compromissos. Acreditam que quanto mais coisas fazem, mais valor as suas vidas possuem. Trabalham nos fins de semana, férias e feriados; e, mesmo exaustos e infelizes, falam do excesso de trabalho com orgulho resignado. Por esse motivo, utilizam a expressão "vida acadêmica" sem criticar o seu sentido totalizante de "vida".

Nas últimas décadas, a aceitação da ideia da vida acadêmica como a totalidade da vida extrapolou o universo docente e agora se faz presente também no universo discente. O excesso de trabalho tem sido naturalizado no cotidiano de estudantes de graduação, que, além de frequentar aulas, realizar leituras, trabalhos, provas, estágios curriculares e extracurriculares, participam de grupos de estudos, iniciações científicas e organização de eventos. Não se pode deixar de mencionar, também,

[82] SUZUKI, **Mente Zen, Mente de Principiante**, *op. cit.*, p. 57.

que muitos alternam os estudos com trabalhos formais e informais devido às suas necessidades econômicas.

Quando observo o cotidiano de estudantes de graduação, me pergunto em que momento de seus dias eles se dedicam à leitura e à escrita, tão essenciais para a formação acadêmica. Ainda observo como tem se tornado comum neles o desejo exasperado, quando não desesperado, de escrever e publicar artigos. É algo que soa, no mínimo, irreal, se levarmos em conta que até a década de 1990 a maioria dos pesquisadores e pesquisadoras brasileiros publicava seus primeiros artigos após o término do doutorado — isso quando a tese se qualificava como um texto de autêntico valor para suas áreas do conhecimento. Hoje, por outro lado, é raro passar uma semana sem que um estudante do primeiro ou segundo ano de graduação me pare no corredor, da universidade, com olhos sedentos pelo reconhecimento acadêmico, querendo saber como é possível escrever e publicar um artigo. Nessas ocasiões, esclareço que um artigo é o resultado de uma pesquisa, e não um objetivo em si; ou seja, o artigo é uma etapa do processo de pesquisa e ele pode levar um ano ou mais para ser finalizado, sobretudo em se tratando de um artigo derivado de uma iniciação científica. Explico também que após a submissão de um artigo a um periódico bem avaliado, o seu trâmite editorial pode demorar até dois anos, ou mais, caso o manuscrito seja aceito.

Quando coloco a escrita acadêmica nesses termos, a empolgação que parecia irresoluta desaparece, muitas vezes, como se não tivesse existido nem mesmo uma única vez na vida daqueles estudantes. A empolgação é, então, em várias ocasiões, excessiva e denota menos a motivação forte e resiliente para a empreitada intelectual e mais um desejo de reconhecimento rápido que todos nós fomos e somos incentivados a ter na sociedade como um todo — e, óbvio, na universidade, embora nessa instituição nunca se admita que o desejo de reconhecimento é algo inerente ao nosso ego acadêmico.

Em certa passagem de *Mente Zen, Mente de Principiante*, Shunryu Suzuki questiona o valor do excesso de empolgação pela prática do Zen, considerando esse excesso mais prejudicial do que benéfico para aqueles que buscam uma verdadeira prática naquela tradição budista. Em suas palavras:

> Zen não é uma coisa pela qual devemos nos empolgar. Algumas pessoas começam a praticar o Zen apenas por curiosidade e com isso só conseguem ficar mais ocupadas ainda. É ridículo sua prática fazer com que você se torne pior. Eu acho que tentar praticar zazen uma vez por semana já o tornará suficientemente ocupado. Não fiquem demasiado interessados no Zen. Quando os jovens se entusiasmam com o Zen, acabam desistindo de seus estudos para irem a alguma montanha ou floresta a fim de praticar zazen. Esse tipo de interesse não é o verdadeiro interesse. Basta continuar a prática de maneira calma e regular e seu caráter irá sendo construído. Se sua mente estiver sempre ocupada,

> não terá tempo para essa construção e o esforço será estéril, sobretudo quando se empenhar nisso com demasiado afinco. Construir um caráter é como fazer pão — é necessário misturar os ingredientes pouco a pouco, passo a passo, e requer uma temperatura moderada. Você se conhece e sabe qual a temperatura que lhe é necessária. Sabe muito bem do que precisa. Mas se ficar muito empolgado, acabará esquecendo a temperatura que lhe é adequada e perderá seu próprio caminho. Isso é muito perigoso.[83]

Estudantes e docentes se veem frustrados quando o entusiasmo por participar de tantos projetos não se traduz naturalmente em uma escrita fluente. Em conversa com uma estudante de graduação envolvida em um número elevado de tarefas na universidade, percebi sua frustração com a escrita como uma sequela de uma expectativa irreal de que o excesso de afazeres acadêmicos a levaria escrever facilmente, sem qualquer necessidade de esforço significativo com sua produção textual — algo notado após a estudante receber comentários de sua orientadora sobre a versão inicial de seu primeiro artigo. Com relação a esse retorno sobre a sua escrita, ela me disse: "Essa coisa de escrever não é para mim, porque eu fiz coisas demais nos dois últimos anos, e isso deveria ser suficiente para eu conseguir escrever um texto acadêmico

[83] *Ibidem*, p. 76.

que não precisasse de todas aquelas revisões." Ainda em tom de desânimo, ela continuou: "O tanto de reunião que participei, o tanto de entrevistas que fiz, o tanto de artigos que li e fichei, o tanto de análise que fiz, o tanto de grupo de estudos que participei, o tanto de iniciação científica que fiz... Ah não... Se isso for a vida acadêmica eu não quero de forma alguma."

Quando lhe perguntei se não seria o caso de considerar que a escrita acadêmica de qualidade envolve de fato todo esse processo de foco na revisão e, inevitavelmente, na diminuição do número excessivo de tarefas no cotidiano acadêmico, ela me disse: "Se for assim, eu vou me dedicar mais à fala do que à escrita... Por exemplo, no TikTok... No TikTok tem vários colegas fazendo sucesso, porque a universidade exige demais todas essas coisas cheias de regras, por isso ela está ficando para trás. Eu já faço muitas coisas e sou boa na fala."

A postura da estudante revela como a participação em inúmeras atividades não a preparou para a escrita. Na verdade, diminuiu as suas chances de aprender a lidar com o processo recursivo da escrita acadêmica de qualidade e perceber nele a própria construção da complexidade do seu pensamento. Em outros termos, em momento algum a estudante considerou que a escrita de um artigo é muito mais do que a escrita de um texto para ser publicado: ela é um meio de descoberta intelectual que dificilmente se dá por outra via que não seja a própria escrita.

Seria injusto classificar a postura da estudante de ingênua ou infantil. Pior seria dizer que os jovens não conseguem lidar com a frustração inerente à vida adulta. O problema é estrutural e tem relação com a reprodução, na universidade, de lógicas de mercado avassaladoras para uma formação acadêmica que só alcança níveis de excelência com o desenvolvimento de habilidades a médio e longo prazo que demandam esforço e domínio técnico da escrita. Sem essa percepção e as condições para esse desenvolvimento, de fato, um vídeo de poucos segundos no TikTok se torna mais atraente do que aprender a escrever um texto acadêmico de qualidade. Vale dizer que, quando perguntei à estudante se nos vários projetos de pesquisa de que ela participou houve, em algum momento, uma formação mínima para a escrita, a resposta foi taxativa: "Não podíamos falar disso nas reuniões de nenhum projeto, porque os professores falavam que, se a gente estava ali, tinha que se virar para escrever."

O excesso de empolgação com a vida acadêmica, assim como o excesso de empolgação com qualquer coisa na vida ocidental, é sempre tomado como algo invariavelmente positivo. Enaltecemos pessoas empolgadas e desejamos também sentir empolgação com tudo o que fazemos em nossas vidas. Acreditamos que a empolgação é fundamental para realizações complexas como escrever um texto na universidade. Esquecemos que o excesso de empolgação, muitas vezes, nada mais é do que um mecanismo psicológico de evitação da dura realidade que é o cotidiano de uma atividade tão artesanal como escrever.

Outro exemplo de empolgação negativa na escrita acadêmica ocorre com os planos grandiosos que traçamos para ela, visto que nossos objetivos de escrita são quase sempre incompatíveis com a realidade. Um fato evidente, como bem aponta Hjortshoj, é a crença recorrente entre estudantes universitários de que gastarão menos tempo do que imaginam para escrever seus textos.[84] Eu mesmo achei, depois que fiquei excessivamente empolgado com a escrita deste livro, que ele seria finalizado muito rápido e quando isso não aconteceu me senti frustrado, sem perceber que o excesso de expectativa de finalizá-lo mais agredia a minha prática de escrita — como aconteceu inúmeras vezes no passado — do que me aproximava da escrita regular e satisfatória almejada.

Acadêmicos e acadêmicas estão sempre fazendo planos demais para seus textos. Com isso, alternam constantemente entre estados de empolgação máxima e desânimo absoluto com seus projetos de escrita. Em consequência do desespero proveniente dessas variações de humor, começam a traçar metas cada vez mais inatingíveis para escrever seus textos. Dessa forma, apegam-se à ideia de que deveriam estar sempre

[84] HJORTSHOJ, K. **Understanding Writing Block**. New York: Oxford University Press, 2001. p. 48.

escrevendo, inclusive em momentos em que tal prática seria impossível de acontecer. Dormem e acordam com a sensação de que deveriam ter acordado mais cedo e dormido mais tarde, para escrever mais. Vivem, assim, com culpa, remorso e frustração por não escreverem oito horas todos os dias, sem perceberem que estão contribuindo para a própria impossibilidade de a escrita acadêmica acontecer com fluência e satisfação.

A maioria das pessoas que me procuram em busca de auxílio psicológico para a escrita acadêmica chega cheia de planos de finalizar seu texto em pouquíssimo tempo, até porque me procuram quando estão com prazos vencidos ou próximos de vencer. Então, quando lhes pergunto quanto tempo acham que vão levar para finalizar suas monografias, dissertações e teses, suas afobadas mentes acadêmicas me dizem com grande certeza: "um mês", "dois meses", "três meses". Minha mente Zen responde em silêncio a cada uma dessas previsões, respectivamente: "três meses", "seis meses", "um ano".

O Zen e a morte da escrita acadêmica no neoliberalismo

Na busca constante de realizar seu ideal,
não terá tempo para a serenidade.[85]

O espírito neoliberal vigora com tamanha naturalidade no mundo universitário que mesmo os seus críticos mais veementes não estão imunes a sofrer com o peso das demandas da escrita num sistema econômico que exerce toda sua força sobre o ambiente acadêmico. Na verdade, muitos dos críticos do sistema neoliberal reproduzem toda a sua lógica quando a questão é a escrita acadêmica. Individualizam o sofrimento para escrever, não pensam em políticas de distribuição igualitária da escrita e acumulam os capitais derivados de suas publicações, não raro por meio da instrumentalização da escrita de seus estudantes.

Iludem-se aqueles que acreditam que a universidade é uma barreira contra o sistema econômico vigente. Provas não faltam de que a ciência já seguia uma lógica neoliberal bem antes de o neoliberalismo existir. Fenômenos

[85] SUZUKI, **Mente Zen, Mente de Principiante**, *op. cit.*, p. 102.

como o Efeito Mateus, descrito pelo sociólogo Robert Merton na segunda metade do século XX, quando esse pesquisador constatou que a acumulação de recompensas no mundo acadêmico seguia uma lógica radicalmente compatível com o capitalismo — ou seja, quem tem mais sempre terá mais e quem tem menos sempre terá menos —, assim como a constatação, ainda no começo do século passado, com base na Lei de Lokta, de que apenas alguns poucos autores e autoras de alguns poucos grupos acadêmicos realmente são citados de modo significativo, evidenciam um universo tão desigual como aqueles que presenciamos no cotidiano na vida social brasileira.[86]

Não é exagero afirmar que esses fenômenos estão cada vez mais presentes no dia a dia acadêmico. Vivemos, assim, independentemente do campo de conhecimento e da posição teórica e política, imersos num tempo universitário hiperacelerado no qual a escrita nunca foi tão tratada como mera mercadoria a ser trocada por supostas recompensas que dificilmente cumprem a sua promessa de libertar a mente acadêmica. Por isso, a esperança de mudança num panorama desses é bem reduzida, se não nula. Mas isso não deveria ser tomado de imediato como

[86] MERTON, R. R. The Matthew Effect in Science, II: Cumulative Advantage and the Symbolism of Intellectual Property. **Isis**, v. 79, p. 606-623, 1988. MURPHY, L. J. Lotka's Law in the Humanities? **Journal of the American Society for Information Science**, v. 24, n. 6, p. 461-462, 1973.

algo negativo. Talvez nosso excesso de esperança no futuro pela via da escrita, que nos libertaria de todo o mal-estar na vida acadêmica e nos alçaria a um lugar de sucesso, nos tenha alienado do papel da escrita não como mera moeda de troca, mas como constituinte essencial de uma vida acadêmica mais honesta, satisfeita e criativa.

É compreensível que muitos leitores e leitoras tenham deixado este livro de lado, ainda no começo da leitura, ou que tenham tido vontade de criticá-lo do começo ao fim, porque sabem bem que a escrita nele proposta é quase inimaginável em nosso cenário acadêmico. Aos que chegaram até este ponto do texto, diria que aceito toda a desconfiança, mas também diria que não foi meu propósito advogar em prol de nenhum otimismo ingênuo que prometesse a salvação das misérias da escrita acadêmica, pois a ideia de salvação não faz parte do léxico Zen, ao menos não do Zen aqui apresentado.

Também reafirmo que a relação entre o Zen e a escrita acadêmica exposta neste livro foi orientada para gerar, ainda que de forma inicial e breve, o desligamento dos automatismos da vida acadêmica que têm tornado muitos de nós desumanos conosco mesmos e com nossos pares — talvez, suponho, como forma de punir aqueles que ainda nutrem esperanças no caminho da escrita como forma de expressão criativa e autoral. Nesse sentido, o Zen seria tudo, menos neoliberal, porque o neoliberalismo não tolera o desligamento do piloto automático.

Por fim, ainda para todos e todas que chegaram ao final deste manuscrito, espero profundamente que ao menos durante um segundo vocês tenham parado de agir automaticamente e contemplado a escrita sem o desejo imediato de finalizá-la.

Inspirações bibliográficas

AHMED, S. J.; GUSS, C. D. An Analysis of writer's block: causes and solutions. **Creativity Research Journal**, p. 1-16, 2022.

BADDELEY A. D. **Working-Memory**. New York: Oxford University Press, 1986.

BARNES-HOLMES, Y.; BARNES-HOLMES, D.; MCHUGH, L.; HAYES, S. C. Relational Frame Theory: Some Implications for Understanding and Treating Human Psychopathology. **International Journal of Psychology & Psychological Therapy**, *v. 4*, n. 2, p. 355-375, *2004*.

BARTHES, R. **Roland Barthes por Roland Barthes**. São Paulo: Estação Liberdade, 2003.

BECKER, H. S. **Truques da Escrita**. Rio de Janeiro: Zahar, 2016.

BILLIG, M. **Learn to Write Badly**: how to succeed in the social sciences. Cambridge: Cambridge University Press, 2013.

BIRK, L. B. **The Sounds of Silence**: a structural analysis of academic writer's block. Thesis, Boston College, 2013.

BOICE, R. Faculty Resistance to Writing-Intensive Courses. **Teaching of Psychology**, v. 17, n. 1, p. 13-17, 1990.

BOICE, R. Writing Blocks and Tacit Knowledge. **The Journal of Higher Education**, 65, n.1, p.19-54, 1993.

BOICE, R.; JONES, F. Why Academicians don't Write. **Journal of Higher Education**, v. 5, n. 55, p. 567-582, 1984.

BOURDIEU, P.; PASSERON, J.-C.; SAINT MARTIN, M. **Academic Discourse**. Cambridge: Polity Press, 1996.

BRADBURY, R. **Zen e a Arte da Escrita**. São Paulo: Biblioteca Azul, 2017.

CRUZ, R. **Bloqueio da Escrita Acadêmica**: caminhos para escrever com conforto e sentido. Belo Horizonte: Artesã, 2020.

CRUZ, R.N & REZENDE, J. V. A Escrita de Notas como Artesanato intelectual- Niklas Luhmann e a escrita acadêmica como processo, **Pro-posições**, 35, n.1, p.1-20 , 2023.

DESALVO, L. **The Art of Slow Writing:** reflections on time, craft, and creativity. New York: St. Martin's Press, 2014.

FREUD, S. **O futuro de uma ilusão**. Edição standard das obras psicológicas completas de Sigmund Freud. Rio de Janeiro: Imago. 1927-1996. v. XXI, p. 15-64.

GHODSEE, K. **From Notes to Narrative**: writing ethnographies that everyone can read. Chicago: University Press, 2016.

HAGSTROM, W. O controle social dos cientistas. In: DEUS, J. D. (Org.). **A Crítica da Ciência:** sociologia e ideologia da ciência. Rio de Janeiro: Zahar, 1979. p. 81-107.

HAYES, S. C. Buddhism and acceptance and commitment therapy. **Cognitive and Behavioral Practice**, 9(1), 58-66, 2002.

HERRIGEL, E. **O Caminho Zen**. São Paulo: Pensamento, 1993.

HERRIGEL, E. **A Arte Cavalheiresca do Arqueiro Zen**. São Paulo: Pensamento, 1999.

HJORTSHOJ, K. **Understanding Writing Block**. New York: Oxford University Press, 2001.

INTONS-PETERSON, M. J., NEWSOME, G. L. External Memory Aids: Effects and Effectiveness. **Memory Improvement**. New York: Springer, 1992.

IRENE, L. C. **Writing, Imitation, and Performance**: insights from neuroscience research. New York: Routledge, 2022.

JAMES, K. H. The Importance of on the Development of the Literate Brain. **Current Directions in Psychological Science**, v. 26, n. 6, p. 502-508, 2017.

JEFFERSON, A. **Genius in France**: an idea and its uses. Princeton, NJ: Princeton University Press, 2015.

KELLOGG, R. T. **The Psychology of Writing**. New York: Oxford University Press, 1994.

KRAJEWSKI, M.; KRAPP, P. **Paper Machines**: about cards & catalogs, 1548-1929. Massachusetts: MIT Press, 2011.

LANG, J. M. **Small Teaching:** everyday lessons from the science of learning. San Francisco: Jossey-Bass, 2016.

LEVITIN, D. J. **The Organized Mind**: thinking straight in the age of information overload. Plume: Penguin Books, 2014.

LÖFGREN, O. Routinising Research: Academic Skills in Analogue and Digital Worlds. **International Journal of Social Research Methodology**, v. 17, n. 1, p. 73-86, 2014.

MELUCCI, A. **O Jogo do Eu**: a mudança de si em uma sociedade global. São Leopoldo: Ed. da Unisinos, 2004.

MERTON, R. The Matthew Effect in Science, II: Cumulative Advantage and the Symbolism of Intellectual Property. **Isis**, v. 79, p. 606-623, 1988.

MUELLER, P. A.; OPPENHEIMER, D. M. The Pen Is Mightier than the Keyboard: Advantages of Longhand over Laptop Note Taking. **Psychological Science**, v. 25, n. 6, p. 1159-1168, 2014.

MURAKAMI, H. **O Que Falo Quando Falo de Correr**. Rio de Janeiro: Objetiva. 2016.

MURPHY, L. J. Lotka's Law in the Humanities? **Journal of the American Society for Information Science**, v. 24, n. 6, p. 461-462, 1973.

MURRAY, D. Teach Writing as a Process Not a Product. **The Leaftler**, p. 11-14, 1972.

NEVES, F. **Comunicação Pessoal.** Rio de Janeiro: Niterói, 2022.

NEWPORT, C. **Deep Work**: rules for focused success in a distracted world. New York: Hachette, 2016.

PEARY, A. The Terrain of Prewriting. **Journal of Creative Writing Studies**, v. 2, p. 1-21, 2016.

ROTH, P. **Por Que Escrever?** Conversas e ensaios sobre literatura (1960-2013). Companhia das Letras: Rio de Janeiro, 2021.

SCOTT, B. A. **Max Perkins**: um editor de gênios. Belo Horizonte: Intrínseca, 2015.

SENNETT, R. **A Corrosão do Caráter**: consequências pessoais do trabalho no novo capitalismo. Rio de Janeiro, Record, 2004.

SUZUKI, S. **Mente Zen, Mente de Principiante**. São Paulo: Palas Athena, 1994.

SWORD, H. **The Writer's Diet**: a guide to fit prose. Chicago: Chicago University Press, 2016.

VIEIRA, F. E. ; FARACO, C. A. **Escrever na Universidade:** gramática da norma de referência. São Paulo: Parábola Editorial, 2022.

WALLWORK, A. Being concise and removing redundancy. In: **English for Academic Research:** writing exercises. Springer, Boston, MA, p.5-25.

WILDE, O. **O Retrato de Dorian Gray**. São Paulo: Martim Cloret, 2002.

WILLIAMS, R. **A Produção Social da Escrita**. São Paulo: Editora Unesp, 2014.

WRIGLEY, S. The Affordances of Handwriting in the Essay-Writing Process. **Active Learning in Higher Education**, v. 20, n. 2, p. 167-179, 2019.

ZEIGARNIK, B. Über das Behalten von erledigten und unerledigten Handlungen. **Psychologische Forschung**, v. 9, p. 1-85, 1927.

Anotações

Construindo ideias
e conectando mentes

Este livro foi composto com tipografia Bembo
e impresso em papel Pólen Soft 80g..